# HISTOIRE

## DE

## MARGUERITE D'ANJOU,

### REINE D'ANGLETERRE,

Par M. l'Abbé PREVOST,

Aumônier de Son Altesse Séré-
nissime Monseigneur le Prince
de Conty.

## DEUXIEME PARTIE.

## A AMSTERDAM,

Chez FRANÇOIS DESBORDES,
vis-à-vis la Bourse.

M. D. CC. XL,

# HISTOIRE

## DE

## MARGUERITE D'ANJOU;

## *LIVRE SECOND.*

L A Reine sembloit triom-
pher , & se reposant sur
l'ordre qu'elle avoit donné
au Duc de Buckingham de
rassembler des Troupes , elle en-
treprit une promenade avec les Roi
dans differentes Provinces ; moins
pour faire honneur à ce Prince , que
pour se concilier à elle-même l'estime & l'affection du Peuple par ses
maniéres douces & insinuantes. Elle
entendoit merveilleusement l'art de
gagner les cœurs , & son autorité
eut été bien mieux établie par cette

*II. Partie.*            A

voye , fi la grandeur de fon ame ne lui eût fait dedaigner un moyen qu'elle trouvoit indigne d'elle. Cependant après tant d'efforts que les ennemis avoient faits pour s'attirer la faveur du Public , elle fe crut obligée d'employer contr'eux les mêmes armes ; & cet effai lui réüffit fi bien , que plufieurs Hiftoriens lui attribuent le deffein de profiter de la difpofition où elle avoit mis les Peuples de plufieurs Provinces, pour s'emparer abfolument de l'autorité Royale , en perfuadant à fon mari d'abdiquer la Couronne , & de lui refigner tous fes droits jufqu'à la majorité du Prince Edoüard. Mais tout le detachement de Henri pour les grandeurs du monde , ne peut le faire confentir à cette propofition.

On commençoit à croire le Duc d'Yorck abbatu par la vigueur que cette Princeffe avoit marquée en reprenant l'adminiftration , lorfque le bruit fe repandit que le Comte de Salisbury s'avançoit avec un corps de Troupes , pour demander juftice au Roi de l'affaffinat de fon fils, & pour se plaindre de l'infraction d'un Amnistie qui avoit été juré solemnellement au Conseil. La Cour s'étoit arrêtée, dans sa route, à Coleshil en Vvarwickhire. L'approche du Comte y jetta d'autant plus d'épouvante, qu'on apprit en même - tems que le Duc d'Yorck armoit puissamment dans le Pays de Galles. Mais la Reine comptant sur les ordres qu'elle avoit laissez à ses Ministres, depêcha seulement au Duc de Sommerset, pour le charger de faire partir sur le champ dix mille hommes sous le commandement de Mylord Audley. L'ordre particulier qu'elle fit donner à ce General fut de faire main - basse sur le Comte & sur sa Troupe, dont on ne faisoit monter le nombre qu'à cinq ou six mille hommes. Mais c'étoit se promettre trop d'avantage sur un Ennemi de cette prudence & de cette valeur. Quoiqu'il fût si inferieur en nombre, la crainte ne peut le faire reculer. Il employa seulement la ruse, pour obtenir une victoire qu'il ne pouvoit esperer autrement. Audley ayant posé son

Camp fur le bord d'une petite riviere , fon Ennemi vint fe pofter
fur le bord oppofé , comme fi fon
deffein n'eût été que de garder ce
paffage pour fe garantir d'être atta-
qué. Enfuite , feignant tout d'un
coup de fe repentir de cette hardieffe , il fe retira pendant la nuit , en
mefurant tellement fa marche qu'à
la pointe du jour les Ennemis pouvoient voir encore fon Arriere-Gar-
de. Cette retraite parut fi precipi-
tée , que les Troupes du Roi fe
flatterent auffi - tôt qu'il n'étoit queftion que de courir à la victoire. Elles pafferent la riviere en defordre.
Mais tandis qu'elles étoient dans
cette confufion , le Comte de Salisbury tourna vifage , & fondant
fur celles qui étoient déja paffées
avant qu'elles euffent le tems de fe
mettre en bataille , il les precipita
fur celles qui paffoient encore , &
les défit avec autant de fûreté que
de gloire. Le Roi y perdit près de
trois mille hommes , & le General
y perit lui-même avec les principaux
Officiers.

Il auroit été trop dangereux pour

le Comte de Salisbury d'avancer
plus loin , tandis que le Duc de
Sommerset s'approchoit lui - même
avec une puissante Armée. Il fut
assez satisfait de s'être ouvert un
passage pour aller joindre le Duc
d'Yorck , qui continuoit ses levées
dans le Pays de Galles ; & resolus
tous deux de faire un dernier effort pour resister à l'orage qui se
formoit sur leur tête , ils presserent
le Comte de Vvarwick de repasser
la Manche avec toutes les Troupes
qu'il pourroit tirer de sa garnison
de Calais. L'éloignement n'empêcha point le Comte de les rejoindre ,
accompagné du Chevalier Trollop , qui s'étoit acquis de la repu-
tation dans les Guerres de France ,
& qui commandoit sous lui son detachement. Mais la Reine ne comptant pas moins sur la superiorité de
ses Troupes , les fit avancer jusqu'à
Glocester , & par le conseil de
Sommerset , elle trouva le moyen
de faire dispenser dans le Camp ennemi une proclamation du Roi , qui
promettoit le pardon à tous les Partisans des Seigneurs rebelles , sans

autre condition que de quitter auffi-
tôt les armes. Cet artifice produifit
un effet furprenant. L'Armée du
Duc s'imaginant que l'avantage du
nombre rendoit le Roi déja sûr de
la victoire , ne fongea qu'à profiter
du pardon , en prenant la fuite par
bandes ; & Trollop même , à qui le
Comte de Vvarwick n'avoit pas declaré qu'il étoit queftion de combattre fon Maitre , mit le comble
au defordre en paffant la nuit dans
le Camp du Roi avec le Corps qu'il
commandoit. Une defertion fi im-
prevûë jetta les chefs dans une confternation qui ne leur permit plus
de penfer qu'à la fuite. Le Duc
d'Yorck prit le parti de s'embarquer
pour l'Irlande , tandis que les Comtes de Salisbury & de Vvarwick fe
retirerent à Calais avec le Comte
de la Marche fon fils , qui étoit alors
âgé de dix-neuf ans.

Ce n'étoit pas la feule efperance
de retablir fes affaires en Irlande
qui faifoit prendre cette route au
Duc d'Yorck. Il y étoit attiré fur
les traces de Mylady Nevil , qui
dans l'embarras où elle s'étoit trou-

vée par les propofitions de la Reine ;
avoit mieux aimé fe derober de la
Cour, que d'y acheter fa faveur au
prix dont on l'ayoit fait dependre.
Cette Princeffe , en approuvant le
confeil qu'elle avoit reçu de Sommerfet , avoit pris occafion du premier fuccès de cet artifice pour former un autre deffein dont elle efperoit des fruits beaucoup plus impor-
tans. C'étoit pour quelqu'entreprife
de cette nature qu'elle avoit gardé
fi long-tems Mylady Nevill auprès
d'elle. Ne pouvant douter qu'elle
ne confevât toujours fon ancien
pouvoir fur le Duc d'Yorck , elle
lui avoit propofé de fe rendre pendant la nuit dans un Village qui
étoit à peu de diftance de fon Camp,
& de le faire avertir qu'elle y étoit
venuë pour fe procurer encore une
fois la fatisfaction de le voir. Ce
qu'elle auroit jugé à propos de lui
dire ou de faire pour lui dans le
rendez-vous où elle l'auroit engagée , avoit été abandonné à fon
choix , parce que la Reine s'imaginant bien qu'il ne fe feroit point
accompagner d'un Corps de Trou-

pes confiderable dans une partie d'a-
mour, fe propofoit de le faire enlever
par l'élite de fa Cavalerie dont elle
avoit déja difpofé les chefs à cette entreprife. Mylady Nevill, accoûtumée
à joindre les plus nobles fentimens
aux foiblesses du cœur, dédaigna in-
terieurement une fi vile commiffion;
& quoiqu'il lui reftât peu d'inclination pour le Duc, elle ne peut entendre fans douleur qu'on lui propofât
de trahir un homme qu'elle avoit aimé. Mais n'ofant rejetter ouvertement
des inftances qui étoient accompa-
gnées d'autant de menaces que de
promeffes, elle feignit de s'y rendre, dans la refolution d'avertir le
Duc du péril qui le menaçoit, & de
chercher enfuite une retraite où elle
pût trouver la fin de tant d'avantures
dont elle commençoit à fe laffer.
Elle fe fit conduire dans le Village
que la Reine lui avoit marqué;
mais au lieu d'inviter le Duc à s'y
rendre, elle lui avoit écrit qu'il devoit fe garder de quitter fon Camp,
s'il ne vouloit expofer fa vie.

Cependant, comme le Duc
d'Yorck ne put recevoir cette lettre

tre fans apprendre du Meffager, que Mylady Nevill étoit dans un Village peu éloigné, il y envoya deux de fes plus fidéles Officiers, autant pour l'engager à fe laiffer conduire dans fon Camp que pour tirer d'elle un fecret qu'elle ne lui avoit communiqué qu'à demi. Ils eurent toute la facilité qu'ils fouhaitoient de l'entretenir. Mais après avoir reconnu par leurs offres qu'elle les trouveroit difpofez à la fervir avez zéle, elle les pria de la conduire au Port voifin, en leur faifant efperer que le Duc leur tiendroit compte de ce fervice; l'ordre que les Gens du Roi avoient de lui obéir, lava tous les obftacles qu'elle en auroit pu craindre. Son intention étoit peut-être de paffer en Irlande, où elle avoit demeuré affez long - tems pour s'y être formé des habitudes; & fans doute qu'elle marqua ce deffein à fes guides, puifqu'ils le rapporterent au Duc d'Yorck. Mais dans les allarmes qui la faifoient fuir, elle monta fur le permier Vaiffeau quelle trouva prêt à faire voile. C'étoit un de ceux que le

*II. Partie.*                    B

Comte de Vvarwick avoit amené
de Calais, & celui qui avoit ordre
de se tenir disposé à partir pour servir à la retraite du jeune Comte de
la Marche si le sort des armes se dé-
claroit contre son pere. Cette nuit
étant la même que le Chevalier
Trollop avoit choisie pour se ranger du parti du Roi, c'étoit aussi
celle où le Comte de la Marche,
accompagné des Comtes de Salisbury & de Vvarwick fut forcé par
son pere, de se rendre à bord, pour
gagner Calais; de sorte que ces trois
Seigneurs entrerent dans le Vaisseau
presqu'au même moment que Mylady Nevill, & dans le tems qu'elle
faisoit au Capitaine, des questions
sur sa route ausquelles il n'étoit point
en état de satisfaire.

Dans la précipitation avec laquelle on se mit en Mer, elle enten-
dit nommer les deux Comtes, &
elle ressentit à ces deux noms autant
de crainte que de surprise, sans
pouvoir se procurer le moyen de
sortir du Vaisseau. Elle ne put même éviter dès le lendemain la vûë
de son pere, qui marqua de l'em-

preſſement pour offrir ſes ſervices à
une Dame dont on lui vanta les
charmes, en lui apprenant qu'elle
étoit la compagne de ſa route. Mais
ne pouvant manquer d'adreſſe après
toutes ſes avantures, elle le reçut
avec autant de tranquillité que ſi
elle s'étoit préparée à le voir, &
s'étant jettée à ſes pieds, elle fit
valoir la confiance qu'el'e avoit euë
dans l'affection paternelle, pour lui
demander un azile qu'elle ne pouvoit plus eſperer en Angleter e depuis qu'elle s'étoit atterré la diſ-
grace de la Reine, en rendant ſervice au Duc d'Yorck & à ſon parti
C'étoit prendre ce genereux vieillard par l'endroit le plus ſenſible.
Il oublia le juſte reſſentiment qu'il-
avoit de la conduite de ſa fille, pour
lui faire expliquer en quoi elle avoit
offenſé la Reine. Mylady Nevill,
rentrant alors dans le cours de la
verité, dont elle lui apprit toutes
les circonſtances, obtint bien-tôt ſa
grace en faveur d'une ſi belle action.
Mais on voulut ſçavoir tout ce
qu'elle avoit pu découvrir des deſſeins de la Reine dans la familiarité

où elle avoit vécu près d'elle, & cette curiosité la replongea dans d'autres peines.

Si l'on a suivi toutes les circonstances de sa conduite, on trouvera son caractére affez extraordinaire pour avoir mérité justement l'attention des Historiens, & l'admiration qu'elle a obtenue dans sa Patrie. C'est un mélange bizarre des vertus & des vices qui paroissent le moins faits pour être réunis ; toute la noblesse, la droiture & la générosité d'un sang illustre, avec le déréglement d'inclinations & la corruption des mœurs qui rendent une femme méprisable dans les conditions les plus communes. Elle résista longtems à tout le poids de l'autorité paternelle, & l'unique aveu que le Comte put tirer d'elle, fut que la Reine avoit juré la perte du Duc d'Yorck, & que les raisons d'Etat dont elle coloroit sa haine n'étoient que le voile de ses ressentimens personnels. Il falloit qu'elle eut pénétré beaucoup plus loin dans les secrets du Ministére, puisqu'ajoûtant un conseil à cette déclaration, elle

preſſa ſon pere de s'oppoſer au-deſ-
ſein que le Duc pourroit former de
rentrer en Angleterre ; & ſans ſe
laiſſer ébranler par les priéres ni
par les menaces, elle refuſa conſtamment de trahir la Reine & le
Duc de Sommerſet.

Cependant la conduite des Vainqueurs jetta quelque jour ſur ce
qu'elle annonçoit avec tant d'obſ-
curité. La Reine étant retournée à
Londres comme en triomphe, con-
voqua l'aſſemblée du Parlement,
& craignant peu de réſiſtance à la
tête de ſes Troupes, elle fit décla-
rer le Duc d'Yorck & ſes principaux adhérans, ennemis de l'Etat,
& coupables de haute trahiſon.
Tous leurs biens furent confiſqués
par la même Sentence, & cette rigueur s'étendit juſqu'à leurs deſ-
cendans, qui furent déclarés inca-
pables de poſſeder aucune Charge publique juſqu'à la quatriéme
génération. Le Duc d'Exceſter fut
revêtu de la Charge de Grand-Ami-
ral, qui n'étoit pas encore rem-
plie ; & tandis qu'il mettoit un nouvel ordre dans la Marine, le Duc

de Sommerset reçut ordre d'aller
prendre poffeffion de fon Gouvernement de Calais. A la verité,
il compta trop aifement que le Comte de Vvarwick lui remettroit cette
Placé, ou qu'étant prefque fans gar-
nifon, il ne feroit point capable d'une
forte refiftance. Cependant, la valeur des Officiers fuppléant au nombre; le Duc fe vit contraint de fe
retirer à Guînes, pour s'y donner le tems d'augmenter fes forces. La Reine fit équiper fur le
champ quelques Vaiffeaux à Sand-
wich, fous le Commandement du
Chevalier Manford. Mais le Comte
de Vvarwick étant remonté fur les
fiens, les furprit dans le Port au moment qu'on s'y attendoit le moins,
fit tous les Officiers prifonniers. Il
les mena à Calais, où le Comte de
la Marche en fit executer douze,
par reprefailles de quelques execu-
tions auffi fanglantes que la Reine
avoit fait faire à Londres après la
rencontre de Ludlow.

Quoique le Comte de Salisbury
neût tiré de fa fille que des explications imparfaites, elles lui fuffi-

rent pour juger que la liberté ou la
vie du Duc d'Yorck étoit menacée
par quelque trahison, & ce fut sur
cette crainte que l'ayant fait avertir de ne pas abandonner l'Irlande,
il forma le plus fatal dessein que la
Reine eût à craindre pour la ruïne
de tous les siens. La Province de
Kent ayant marqué dès le commen-
cement de la Guerre un zéle éclat-
tant pour la Maison d'Yorck, il ne
douta point que le même feu n'y
pût être aisément rallumé, sur-tout
dans des circonstances où la Cour
y faisoit faire de rigoureuses informations contre les chefs de l'ancien-
ne révolte. Falcombrige, qu'il y fit
passer de Calais, l'ayant confirmé
dans cette espérance, il le chargea
d'y répandre un Manifeste, où pour
s'assurer également de tous les ordres de la Province, il attestoit le
Ciel qu'il n'avoit point d'autre motif en prenant les armes que de dé-
livrer le pauvre Peuple de l'oppres-
fion sous laquelle il gemissoit, & de
lui assurer ses libertés & ses privi-
léges. Ainsi, sans nommer le Duc
d'Yorck, parce qu'il se tenoit sur

de ſes Partiſans, il mettoit dans ſes
intérêts juſqu'à ceux qui avoient
le plus d'éloignement pour la ruine
des Lancaſtres. Avec l'Armée nom-
breuſe qu'il comptoit de lever en
un moment par cette ruſe, il étoit
réſolu d'aller droit à Londres, où
ſon Parti ne manquoit pas d'intelli-
gences, de ſe rendre maitre de la
Ville, & de fondre enſuite ſur la
Cour qui étoit ſans défenſe à Co-
ventry, pour arracher auſſi-tôt le
Sceptre de la main du Roi, & l'offrir au Duc d'Yorck, qu'il rappel-
leroit alors d'Irlande.

Un ſi grand projet ne pouvoit
être formé par deux hommes plus
capables de l'exécuter. Les Comtes
de Salisbury & de Vvarwick, partis
de Calais avec quinze cens Soldats,
ſe trouverent à la tête de quarante
mille en arrivant aux portes de Londres. Elles leur furent ouvertes par
les habitans, qui étoient diſpoſés à
les recevoir. L'Archevêque de Cantorbery, les Evêques de Londres,
de Lincoln, & de pluſieurs autres
Villes ſe déclarerent pour eux. Ils
ne trouverent d'oppoſition que de

la part du Lord Scales, Gouverneur de la Tour, qui étant arrivé aussi-tôt qu'eux avec quelques Troupes, menaça de détruire la Ville à coups de Canon. Ils prirent le change, en se laissant amuser par ses Escarmouches, & c'est la seule faute qu'il y eut à reprocher à leur prudence. Scales vouloit donner à l'Armée du Roi le tems de se rassembler. Le Duc de Sommerset revenu nouvellement de Guines, & le Duc de Buckingham, furent nommés pour la conduire, ou plutôt la Reine la commandoit elle-même, puisque malgré la présence du Roi, rien ne s'y faisoit que par ses ordres. Elle s'avança vers les Mécontens jusqu'à Northampton, où elle campa dans la Plaine, ayant à dos une petite riviere qu'elle s'étoit hâtée de passer, de peur que les ennemis ne se servissent de cette barriére pour retarder le combat.

Le jeune Comte de la Marche, qui s'étoit mis à la tête de son parti, n'eut pas plutôt appris que le tems qu'on perdoit à Londres avoit donné au Roi celui de rassembler ses

Troupes , qu'il pria le Comte de Salisbury de demeurer dans la Ville pour faire tête au Lord Scales , tandis qu'il iroit au devant des Ennemis avec le Comte de warwick & Mylord Cobdam , qui prirent la qualité de ses Lieutenans Generaux. Il étoit important pour ce jeune Prince de paroitre avec cette distinction dans un parti dont il devoit être un jour le chef.

Cependant , le Comte de warwick, chargé de tous les soins du Commandement, pressa si vivement sa marche , qu'il joignit l'Armée du Roi à Nortâmpton. Ayant assis son Camp à peu de distance , il soutint la feinte de son pere, en deputant l'Evêque de Salisbury au Roi pour lui faire des propositions vagues qui ne furent point écoutées. Il affecta de ne pas se rebuter , & raillant l'Evêque du mauvais succès de sa commission , il renvoya à sa place un Heros d'Armes , avec ordre de demander pour lui-même la permission d'aller faire au Roi les très-humbles remontrances. Mais ce second Messager ayant été rejetté avec beaucoup de hauteur; le Comte, piqué à son tour, en fit partir un troisiéme, chargé de cette brusque déclaration : " qu'il auroit l'honneur „ de parler au Roi avant qu'il fut qua-„ tre heures sonnées, ou qu'il se-„ roit étendu sans vie sur le champ „ de Bataille.

Cette menace fut regardée comme le signal du combat. Rapin a recueilli avec tant de soin les principales circonstances de cette memorable Journée, que j'emprunterai une partie de ses termes : Le 19. Juillet 1460. dit cet Historien, l'Armée s'avança vers celle du Roi. Le Comte de warwick commandoit l'aile droite, le Lord-Cobham étoit à la gauche, & le Comte de la Marche au centre. Les Ducs de Sommerset & de Buckingam étoient à la tête de l'Armée Royale, pendant que la Reine se tenoit à quelque distance pour observer les évenemens & pour distribuer ses ordres ; le Roi demeura au camp dans sa Tente, attendant le succès d'un combat, qui selon les apparences, devoit lui assurer la Couronne ou ou l'en priver pour jamais. La Bataille ne commença qu'à deux heures après midi, après que les Seigneurs eurent fait publier dans leur Armée qu'on se fit une loi inviolable de ne faire aucun mal au Roi, d'épargner les simples Soldats, & de faire main-baffe fur les Officiers. Un Historien Anglois prétend que par ce dernier ordre, qui fut compris de tout le monde, ils entendoient les Ducs de Sommerfet & de Buckingham, aufquels le Duc de Vvarwick portoit une haine perfonnelle. On combattit deux heures (*a*) avec tant de furie, que le Champ de Bataille étoit couvert de morts. Enfin, le Lord Gray, qui commandoit un Corps confidérable de l'Armée du Roi, s'étant rangé tout d'un coup du côté des Mécontens, cette défection imprévûe fit perdre cœur aux Troupes Royales. Elles commencerent peu à peu à lâcher pied, & la riviere qu'elles avoient à dos s'oppofant à leur paffage, il s'en noya un grand nombre, tandis que

(*a*) Quelques Hiftoriens difent cinq heures,

les autres furent taillés en piéces avec
tant d'acharnement, qu'il en perit
dix mille.

Le Duc de Buckingham, le Comte de Shrewsbury, fils du fameux
Talbot, le Lord Beaumont & plufieurs autres perfonnes de diftinction
furent tués fur la place.

Quel fujet de confternation pour
la Reine ! mais ce n'étoit que le pré-
lude de fes malheurs. Elle prit la
fuite avec le jeune Prince de Galles
& le Duc de Sommerfet ; & dans
l'incertitude de la retraite qu'elle
devoit choifir, troublée mortellement par la crainte d'être livrée à
fes ennemis, elle fe détermina enfin
à prendre la route de Durham. Pendant qu'elle fe fauvoit à toutes bri-
des, Henri, qui n'avoit pas quitté
fa Tente, fut enlevé par le Comte
de Vvarwick. Il fut conduit à Northampton, & de-là à Londres, dans
un état qui auroit paru plus digne
de pitié, fi fon imbécillité naturelle
ne l'eût rendu comme infenfible à la
bonne & à la mauvaife fortune. Le
Comte de Salisbury, qui voyoit
une partie de fes projets exécutés

par son fils, dépêcha aussi-tôt en
Irlande, pour inviter le Duc d Yorck
à venir prendre possession de la Couronne. Le tems qui étoit necessaire
au Duc pour le voyage fut employé
à convoquer un Parlement, & dans
cet intervale, les Vainqueurs use-
rent de l'autorité Royale pour tout
ce qui étoit convenab e à leurs intérêts.

Il sembloit effectivement que le
Duc d'Yorck n'eut qu'à paroître
pour recueillir tous les fruits de la
victoire. Cependant, soit qu'il fut
arrêté par quelques raisons politi-
ques qui l'obligerent encore à la moderation, soit qu'il ne trouvât point
le Parlement disposé à seconder tous
ses desirs, il ne fit point tout l'usage
qu'il pouvoit du succès de ses armes.
S'étant rendu à la Chambre des Seigneurs, qui étoient deja assemblez, il
se plaça près du Trône, comme s'il
eut attendu qu'on le prât d y monter.
Mais il eut, comme Jules Cesar,
le chagrin de voir regner autour de
lui un silence qui glaça son courage.
L'Archevéque de Cantorbery augmenta sa confusion, en lui deman-

dant s'il avoit falué le Roi depuis
fon arrivée. Sa rougeur le trahit à
cette queftion. Il répondit au Pré-
lat qu'il ne connoiffoit perfonne à
qui il dût cet honneur, & fortant
de la Chambre avec les marques d'un
vif dépit, il fe retira dans fa maifon, d'où il envoya au Parlement
un Ecrit qui contenoit fes préten-
tions, & les raifons fur lefquelles
il les croyoit appuyées Il paroit
étonnant que le Comte de Salisbury & les autres chefs de la même
faction n'euffent pas tenté de donner
le branle à l'Affemblée des Seigneurs, en propofant au Duc de
s'affeoir fur le Trône; mais il vouloit devoir apparemment cet honneur aux fuffrages libres de la Nation, & fes Partifans avoient reçu
fes ordres. Quoiqu'il en foit, les
délibérations des deux Chambres
ne lui furent point auffi favorables
qu'il l'avoit efpéré. En reconnoif-
fant fon droit inconteftable à la
Couronne, on régla par un acte fo-
lemnel, qu'il ne la porteroit qu'a-
près la mort de Henri, & que ce
Prince demeureroit pendant le refte

de fa vie en poffeffion de fon rang.
C'étoit donner néanmoins une ex-
clufion formelle à la Maifon de Lancaftre, éloigner du Gouvernement
la Reine & le Prince de Galles, enfin livrer le Roi entre les mains du
Duc avec toute l'autorité Royale.

Il parut fatisfait de ce tempéram-
ment, parce qu'il n'y avoit que
la force ouverte qui pût lui faire obtenir davantage. S'il lui refta quelque chofe à defirer, ce fut de fe
voir délivré d'une Ennemie auffi
dangereufe que la Reine. N'ignorant point qu'elle s'étoit retirée à
Durham, il lui fit porter un ordre
du Roi de fe rendre à la Cour,
fans efperance à la vérité de lui
trouver affez de foumiffion pour
venir fe livrer entre fes mains, mais
affez content s'il pouvoit lui faire
un crime aux yeux de la Nation
du refus qu'elle feroit d'obéir à fon
mari, & fe flattant même que dans
l'impuiffance où il la croyoit de
former la moindre entreprife, elle
feroit forcée d'abandonner l'Angleterre pour chercher une autre retraite avec fon fils.

Jufqu'ici

Jufqu'ici les grandes qualités de
Marguerite ont paru comme obf-
curcies par le fecours qu'elle tiroit
de fes Miniftres. Avec les lumiéres
d'un Suffolex & l'audace du premier Sommerfet , il ne lui falloit
que de l'ambition pour gouverner
avec éclat, & pour fe faire craindre
ou refpecter de fes plus fiers Ennemis.
mis. Mais dans l'état où elle fe trouvoit réduite depuis la Bataille de
Northampton, il ne lui reftoit plus
de reffource que dans elle-même.
Sa fuite étoit à peine compofée de
huit perfonnes, qui étoient plutôt fes
Domeftiques que fes Confeillers ou
fes amis. Le Duc de Sommerfet venoit de paffer en France par fon ordre, pour a.ler folliciter des fecours
fort incertains dans les circonftances de la mort récente du Roi Charles, qui venoit de fe laiffer mourir
de faim dans la crainte d'être em-
poifonné par le Dauphin fon fils.
Elle avoit à fe défier continuellement des Bourgeois de Durham,
dont tous les refpects lui paroiffoient forcés, & qui lui faifoient
trop valoir le péril auquel ils s'ex-

*I I. Partie.*                    C

poſoient en lui accordant un azyle.
Elle étoit ſans argent, ſans armes,
ſans relations dont elle pût eſperer
des ouvertures, enfin ſans la moindre apparence de ſecours & de con-
ſeils. Ce fut dans une ſituation ſi ac-
cablante qu'elle reçut l'ordre de retourner à Londres. L'interêt de ſa
gloire, ſa tendreſſe pour ſon fils, la
haine qu'elle portoit à ſes Ennemis,
furent les éguillons qui exciterent
toute la grandeur de ſon ame, &
qui lui firent entreprendre ce qu'elle
n'auroit oſé ſe promettre au plus
heureux tems de ſon autorité & de
ſa puiſſance. Mais ſi l'on a peine à
reconnoître une femme dans les héroïques deſſeins qui lui réüſſirent,
on reconnoîtra bien moins une Reine
dans les triſtes avantures dont elles
furent ſuivies; & cette varieté d'évenemens va former une lecture ſi in-
tereſſante, que ſi je ne parlois ſur
la foi de tous les Hiſtoriens, on me
ſoupçonneroit d'avoir transformé en
Roman une des plus ſerieuſes parties
de l'Hiſtoire.

Après avoir excité ſa memoire à
ſe rappeller tous les noms qui avoient

fait quelque bruit dans la Guerre ,
& ceux qui avoient été mêlez particulierement dans la querelle de la
Maifon Royale , la Reine fe fouvint que les Lords Roos & Clifford
avoient tous deux un Pere à venger.
Ils l'avoient perdu l'un & l'autre
à la fin d'une Bataille , dans une circonftance où la vie de ces deux Seigneurs pouvoit être épargnée , parce que leur mort n'ajoûtoit rien aux
fruits de la victoire. Marguerite ne
douta point qu'un reffentiment fi
jufte ne fubfiftât encore dans le
cœur de leurs enfans. Ils avoient
des Terres confiderables dans le
Nord de l'Angleterre. Leurs Vaf-
faux lui parurent autant de Soldats fur lefquels elle pouvoit
compter. Elle quitta furtivement
Durham pour fuivre ce premier
rayon d'efperance , après avoir pris
foin de faire repandre le bruit qu'elle fe difpofoit à paffer en France.
Sa route fut longue & difficile. Il
faloit marcher la nuit plus fouvent
que le jour , & manquer quelquefois de toutes fortes de commoditez.
Le hazard la fit tomber un jour dans

la maison d'un des douze Officiers
à qui le Comte de la Marche avoit
fait trancher la tête à Calais. Elle
trouva dans ses enfans tant d'ardeur
pour venger leur pere, que profitant
aussi-tôt de cette ouverture, elle les
chargea de rassembler tous les parens & les amis de ceux qui avoient
eu part au même supplice, & de les
lui amener dans les Terres du Lord
Clifford où elle avoit dessein de se
rendre.

Ce Seigneur entra tout d'un coup
dans les vûës de la Reine, & se tint
honoré de la préference qu'elle lui
accordoit dans le choix de ses Défenseurs. Ses amis & ses Vassaux se
laisserent enflammer du même zéle. Il
se chargea de gagner Mylord Roos
& le Comte de Dévonshire, qui se
piquerent de ne pas marquer moins
de diligence & d'ardeur. Dans l'es-
pace de huit jours, la Reine se vit
une garde de deux mille hommes
bien armez. L'arrivée de ceux qu'elle s'étoit-assurez sur la route l'ayant
augmentée de cinq cens hommes,
dont la plûpart étoient au - dessus de
la condition de Soldats, elle choi-

fit ceux dont elle crut pouvoir tirer quelque service en qualité d'Officiers. Elle se les attacha par ses
flatteries & ses caresses autant que
par l'interêt commun qui les avoit
réünis. Il n'étoit pas question de ré-
compense dans une conjoncture où
elle ne subsistoit elle-même que par
la generosité des Seigneurs qui la
faisoient vivre. Mais pour gagner
ceux qui n'étoient pas capables de
se laisser conduire par des motifs si
nobles, elle employa un autre artifice dont le succès surpassa ses esperances. Ce fut de leur promettre
le pillage de toutes les Terres du
Duc d'Yorck & des Seigneurs de
son parti, qui pourroient se rencontrer dans sa marche. Cette promesse lui créa dans peu de jours une
Armée. Elle se trouva ainsi à la tête
de vingt-cinq mille hommes, qui
accoururent de toutes les Provinces
voisines, avant que le Duc d'Yorck
& ses amis cussent le moindre soupçon de l'orage qui les menaçoit.

Il croyoit la Reine en France, &
s'il avoit souhaité son départ comme le seul moyen de joüir tranquil-

lement de tous fes avantages, il re-
grettoit depuis [quelque-tems qu'elle
fût échappée à fa vengence. Mylady Nevill retablie dans l'amitié de
fon pere, avoit perdu les idées de
retraite qui lui avoient fait quitter
fa Patrie ; & rappellée à Londres
par la di grace de la Reine, dont
le reffentiment ne lui paroiffoit
plus à redou er , elle n'avoit pas
refifté à l'ambition qui lui avoit
fait revoir avec plaifir le premier homme de l'Etat dans fon
Amant. Le Duc s'étant attaché à
elle avec de nouveaux empreffe-
mens, elle s'étoit renduë plus faci-
lement à fes inftances qu'à celles
de fon pere. L'éloignement de la
Reine fembloit lever le fcrupule
qu'elle avoit eu de la trahir. Enfin,
dans les explications qu'elle avoit
eues avec lui fur l'avanture de Ludlow, non-feulement, elle lui avoit
decouvert le rifque qu'il avoit couru pour fa liberté , mais le felici-
tant encore d'avoir fuivi les confeils
de fon pere qui l'avoient retenu en
Irlande, elle lui avoit appris que fa
mort avoit été jurée entre la Reine

& le jeune Duc de Sommerſet. Sans
approuver leur ſerment , Mylady
Nevill à qui ils avoient cru les mêmes deſirs de vengeance pour la mort
de Sommerſet le pere , s'étoit trouvée
comme obligée d'entrer dans leur
complot. L'execution en devoit être
fort ſanglante. La Reine ſe propo-
ſoit , après avoir fait enlever le
Duc , de le faire conduire ſecretement dans le Château où ſon favori
avoit reçu la ſepulture après la Bataille de Saint Albans , & de le faire
égorger ſur ſon tombeau.

En faiſant ce récit au Duc d'Yorck ,
Mylady Nevill lui avoit proteſté
qu'elle n'avoit feint de goûter le
furieux projet de la Reine que pour
s'aſſurer plus de facilité à le faire
manquer , & le ſervice qu'elle lui
avoit rendu à Ludlow garantiſſoit
ſa ſincerité. Mais le Duc en avoit
conçu tant d'horreur pour ſon Ennemie , qu'il ne ſe pardonnoit point
de l'avoir laiſſée tranquille à Durham , & de lui avoir comme ouvert
la voye pour ſe ſauver en France. Il
étoit dans ces diſpoſitions lorſqu'il
apprit de quoi il étoit menacé par

une femme d'un caractere si implacable. Cette puissante Armée qu'elle commandoit elle - même , sembloit avoir été tirée du neant. Il avoit congedié nouvellement ses Troupes ; & le Comte de Vvarwick , son Heros, étoit depuis peu dans son Gouvernement de Calais.

Cependant , le Comte de Salisbury ramassa cinq mille hommes avec toute la diligence dont il étoit capable , & servant de conseil au Duc qui se mit à leur tête , ils s'avancerent ensemble jusqu'à Vvakelfield , où l'Armée de la Reine étoit campée. Leur animosité se changea en fureur à la nouvelle d'une infinité de desordres que leur Ennemie avoit fait commettre dans leurs Terres , & dans celles de leurs amis. On s'attendoit moins à une Guerre reglée , qu'aux plus affreux excès où deux Partis puissent être entraînez par la haine.

Cependant le Duc apprit que l'Armée de la Reine grossissoit de jour en jour , & ne comptant point sur d'autres Troupes que celles qu'il attendoit du Pays de Galles , il ne

pouvoit

pouvoit les efperer affez tôt pour
fatisfaire l'ardeur qu'il avoit de combattre en arrivant à Vvakelfield. Il fe
trouva même obligé, par l'inegalité
du nombre & par la neceffité de fe
couvrir de quelques retranchemens,
de fe renfermer dans le Château de
Sandal qu lui apprtenoit, & dans
lequel il ne pouvoit être aifement
forcé fans Artillerie. Il y fut invef-
ti auffi tôt par la Reine, mais lorfqu'elle eut reconnu la fituation de
cette Place, elle defefpera de l'emporter par une attaque reguliere, &
reprenant fon Camp dans la plaine,
elle refolut d'affamer fon Ennemi,
en lui coupant tous les paffages. Il
n'en coutoit qu'à fa haine, dont la
violence étoit ainfi fufpenduë. Encore trouva-t'elle le moyen de la
fatisfaire par les défis & les menaces qu'elle lui fit continuellement,
en lui reprochant qu'un homme qui
afpiroit à la Couronne, avoit la lâ-
cheté de fe laiffer enfermer par une
femme. Le Duc avoit marqué jufqu'alors beaucoup de prudence &
de conduite. Mais emporté par fes
reffentimens, il ne s'impofa plus de

II. Partie.                        D

bornes. Ces reproches lui étoient faits par écrit : il y répondit de même par les plus injurieuses accusations. Il traita la Reine d'incestueuse & d'adultere , dans le commerce qu'il lui attribuoit avec les deux Sommersets ; & la peignant comme un monstre d'incontinence & d'ambition , il se glorifioit d'être appellé par le Ciel à la punition de ses crimes. Ils s'irriterent ainsi mortellement pendant huit jours, & si le Comte de Salisbury n'eût retenu le Duc , il auroit couru mille fois à la vengeance , sans égard pour le nombre & au mépris de tous les hazards.

La Reine qui le tenoit trop bien renfermé pour craindre qu'il pût lui échapper , joüissoit déja du plaisir de voir sa victime entre ses mains & s'occupoit à mediter son supplice. Tant de lenteur neanmoins l'auroit exposée à quelques revers , si le Duc se fût assez modéré pour attendre le Comte de la Marche son fils, qui avoit déja levé vingt-trois mille hommes avec lesquels il accouroit pour le dégager. Mais il

crut s'appercevoir que la Reine, qui
avoit divisé ses forces, dans la vûë de
lui couper les vivres, n'avoit retenu
près d'elle qu'un Corps de Troupes qui ne surpassoit pas les siennes.
Il se flatta qu'en fondant sur elle,
il auroit le tems de la défaire entierement, ou de la tuer ou de l'enlever,
avant que les autres parties de son
Armée pussent la rejoindre. Tous
les conseils du Comte de Salisbury
ne furent point capables de lui faire
abandonner cette pensée.

Il ne se trompoit point en croyant
la Reine assez mal accompagnée;
mais il ne sçavoit pas que c'étoit
un artifice de cette Princesse, pour
l'attirer hors de ses murs. Elle avoit
posté quinze mille hommes derrière
une colline, qui les déroboit à la
vûë du Château. A peine le Duc
se fut-il avancé dans la plaine, qu'il
reconnut son imprudence. Il étoit
tems encore de la reparer en se hâ-
tant de retourner sur ses pas; mais
la honte de fuir, & l'esperance de
suppléer à la petitesse de son Armée par son experience & son courage, lui firent tenir ferme contre

la première attaque de l'Ennemi.
Il le repouſſa même avec quelqu'a-
vantage , & ne ſe preſentant pas
avec moins de fermeté aux quinze
mille hommes qui fondirent auſſi-tôt
ſur lui, il ſe ſoutint quelques momens ſans perte & ſans deſordre. Enfin , le nombre ayant entierement
prévalu , ſes Troupes furent taillées
en pieces , & il perdit lui-même la vie
en combattant avec un merveilleux
courage. Le *Comte* de Salisbury fut
fait priſonnier , après avoir été bleſſé
dangereuſement.

Une mort ſi glorieuſe faiſoit perdre à la Reine la plus douce partie
de ſa vengeance. Cependant ſes amis
y ſuppléerent par une action qu'elle
ne put apprendre elle - même ſans
horreur. Le Duc avoit eu à ſon côté,
dans le combat, ſon ſecond fils , qui
portoit le titre de Comte de Rut-
land , jeune homme d'une grande eſperance , & qui étoit encore ſous la
conduite d'un Gouverneur. Il prit la
fuite après la mort de ſon pere ; & par
l'adreſſe autant que par le courage
du Gouverneur, il s'approchoit déja du Château de Sandal , où ſa vie

auroit été du moins en sûreté. Mais
le Lord Clifford qui l'avoit vû fuir,
le poursuivit avec tant de diligence
qu'il le joignit à cent pas du Château. Il le fit saisir par ses gens, &
lui enfonça de sang froid son poignard
dans le sein, malgré les instances &
les larmes du Gouverneur, qui lui
demandoit à genoux la vie de ce malheureux Prince.

Ce fut le même Clifford, qui re-
tournant aussi-tôt sur le Champ de
Bataille, y fit chercher le corps
du Duc, qui fut trouvé sous un tas
d'autres Morts. Il lui coupa la tête,
& lui ayant fait à la hâte une Couronne de papier, il la mit au bout
d'une lance pour l'offrir dans cet
état à la Reine. Elle détourna d'a-
bord les yeux, comme si elle eût
été effrayée de cette vûë. Mais sa
force de la haine & de la vengeance
prenant le dessus sur tous ses sentimens, elle voulut que cet affreux
objet demeurât exposé devant elle
pendant le reste du jour, & elle le
fit planter ensuite sur les murailles
d'York. Le Comte de Salisbury, fut
xcé d'assister à ce spectacle &

tout bleſſé qu'il étoit, il fut conduit
ſur le champ dans une Ville voiſine,
où la Reine donna ordre qu'on lui
tranchât la tête ſur un échaffaut. Ce
brave vieillard laiſſa tomber quelques larmes, en regretant de n'avoir
pas verſé au lit d'honneur le peu de
ſang qui lui reſtoit.

Tel fut le ſuccès de cette fa-
meuſe Bataille, qui ſembloit devoir
relever la Maiſon de Lancaſtre, &
ruiner toutes les eſperances de celle
d'Yorck par la mort de ſon chef. La
Reine étoit ſi perſuadée qu'il ne lui
reſtoit plus rien à redouter après ſa
victoire ; qu'affectant plus de mépris
pour le Comte de la Marche que le
Duc d'Yorck n'en avoit marqué
pour elle, la nouvelle de ſon approche ne put lui ôter le deſſein de
ſe rendre à Londres, pour achever
glorieuſement ſon ouvrage en déli-
vrant le Roi ſon époux. Elle y étoit
appellée d'ailleurs par l'eſperance
de ſurprendre le Comte de Vvarwick, qui y étoit demeuré à garder
ce Prince, & qui étoit le ſeul homme, dans l'Etat, qu'elle crût capable
de ranimer un parti dont elle venoit

d'abattre le fondement. Il lui parut
si impossible qu'il pût lui échapper,
qu'en faisant porter la tête du Comte de Salisbury à Yorck pour y être
plantée sur le mur à côté de celle
du Duc, elle avoit recommandé
qu'on prît soin d'y préparer une
place pour celle de son fils; & sa
seule crainte, étant qu'il ne prît le
parti de quitter Londres pour joindre
le Comte de la Marche, elle forma
plusieurs détachemens de son Armée,
qui eurent ordre de garder les chemins qui conduisent au Païs de Galles, & de lui couper du moins les
passages, s'ils ne pouvoient le prendre
vif ou mort.

Le Duc de Sommerset, qui reve-
noit de France, avec peu de fruits
de sa négociation, la reçut sur sa
route, dans le Château qu'il avoit
près de Saint Albans. Il étoit arrivé
la veille, avec si peu de suite & d'é-
clat, que ne s'étant pas même fait
connoître en chemin par son nom,
la nouvelle de son retour n'étoit pas
encore sortie de son Château; de sorte que la rencontre inesperée d'un

Miniſtre ſi fidéle cauſa à la Reine autant de ſurpriſe que de joye. Après lui
avoir rendu compte de ce qu'il avoit
fait pour ſon ſervice , & l'avoir remer-
ciée de la vengeance qu'elle avoit
tirée de la mort de ſon pere , il lui
apprit que le hazard lui offroit une
belle occaſion de chagriner le Comte de Vvarwick ; & peut-être de le
faire tomber entre ſes mains , en ſe
ſaiſiſſant d'une femme qu'il aimoit
avec la plus vive paſſion. Le Duc
parloit d'*Elizabeth Vvoodvville,* qui
étoit revenuë de France avec lui
ſans le connoître, & qui ſe rendant
auprès de ſa famille dans la Province de Northampton , s'étoit arrêtée à Saint Albans pour y paſſer
la nuit. Cette Dame étoit fille de
Jacqueline de Luxembourg , Du-
cheſſe de Betfort & née de ſon ſecond
mariage avec le Chevalier Richard
Vvoodwille. Son pere l'ayant mariée
dans ſon enfance au Chevalier
Gray , l'un des plus zélez Partiſans de la Maiſon de Lancaſtre ,
elle avoit eu tout à la fois le malheur de perdre ſon mari à la Bataille de Saint Albans , & celui de

voir tous ſes biens confiſquez par
le Vainqueur. C'étoit pour reparer
le mauvais état de ſa fortune qu'elle
avoit entrepris le voyage de France, avec l'eſpoir d'y recueillir quelques biens de la ſucceſſion de ſa
mere. Le Comte de Varwick qui
étoit alors Gouverneur de Calais,
l'avoit vue lorſqu'elle avoit paſſé
dans cette Ville, & joignant à ſes
qualitez héroïques beaucoup de
penchant pour les femmes, il avoit
conçu pour elle une de ces grandes
paſſions, qui deviennent la ſource
de mille evenemens extraordinaires
dans le cœur d'un Heros. Il avoit
fait pluſieurs fois le voyage de Paris, dans le ſeul deſſein de la voir,
& ſa recommandation n'avoit pas
peu ſervi au ſuccès des affaires qui
la conduiſoient en France. Il ignoroit neanmoins ſon retour, par la
modeſtie d'Elizabeth, qui ne s'étoit
pas rendue aſſez familiere avec lui
pour l'en avertir, & le Duc de Sommerſet n'étoit informé de ce detail
que par les lumieres qu'il avoit reçues dans ſon dernier voyage de
France.

· Il étoit si important pour la Reine de mettre le Comte de Warwick hors d'état de nuire à ses entreprifes, que dans la resolution de ne rien negliger, elle donna ordre sur le champ que saint Albans fut inveiti, moins pour faire entrer de la violence dans le deffein qu'elle formoit sur le recit du Duc, que pour faciliter au contraire par une voye douce l'envie qu'elle avoit de retenir Elisabeth dans cette Ville, sans qu'on pût soupçonner que c'étoit à elle qu'elle pensoit particulierement. Après s'être assurée qu'elle n'étoit point encore partie, elle depécha au Comte de Warwick un homme adroit, qui feignit de lui être envoyé par sa Maîtresse, pour lui porter ses plaintes de la captivité où elle étoit retenue à saint Albans, & pour le prier de lui procurer quelque moyen de se rendre dans la maison de son pere, où elle étoit appellée par des intérêts fort preffans. La pensée de la Reine étoit que le Comte hazarderoit tout pour servir une personne si chere, ou peut-être seulement pour la voir.

Dans les idées de galanterie qui étoient particulieres à ce siecle, on cherchoit à se signaler par les avantures les plus bizarres & les plus perilleuses. Un détachement considerab'e, qui avoit ordre de se regler sur les lumieres qu'il recevoit du Messager, devoit enlever le Comte, s'il sortoit de Londres, & le tuer, s'il faisoit assez de resistance pour rendre l'entreprise douteuse.

Mais elle manqua par deux obstacles qui faillirent à causer la perte de la Reine. Ses Troupes étoient les mêmes qu'elle avoit rassemblées par l'esperance du pillage, & leur avidité n'ayant point encore été satisfaite, elles regarderent l'ordre de bloquer saint Albans comme une permission tacite de piller cette Vile. Leur emportement fut si furieux, que la Reine s'y étant transportée elle-même, au premier bruit du desordre, à peine eut-elle le pouvoir d'arrêter une Armée seditieuse qui se croyoit en droit de lui faire acheter ses services. Elle la fit rentrer neanmoins dans son Camp, &

tandis qu'elle retournoit au Château du Duc de Sommerset, on lui
presenta Elizabeth VoodWille, qui
dans l'allarme où elle étoit avec
toute la Ville, venoit lui demander
volontairement sa protection. Rien
n'étoit si propre à lui faire oublier
le chagrin qu'elle avoit ressenti du
mepris de ses ordres. Elle la reçut
avec l'admiration qu'on ne pouvoit
refuser à ses charmes, & rappellant
les services que son mari avoit rendus
à la maison de Lancastre, elle en prit
naturellement occasion de la combler
de caresses.

Pendant ce tems-là le Comte do
Varwick apprenoit du Messager
de la Reine le besoin que sa Mai-
tresse avoit de son secours. Il seroit parti sur le champ s'il n'avoit
consulté que son amour & son courage ; mais étant deja informé des
avantages de la Reine , & jugeant
que son dessein étoit de le venir
surprendre à Londres , sa prudence
lui fit penser qu'il avoit plus d'un
intérêt précieux à défendre , & qu'il
falloit trouver quelque moyen de
les reunir. La vengeance de son

Pere, la garde du Roi, & la sûreté de sa Maîtresse, étoient trois motifs dont le moindre auroit suffi pour lui faire tenter l'impossible ; sans compter qu'à l'âge où le Comte de la Marche étoit encore, il se croyoit obligé de prendre sa défense, pour achever l'ouvrage de son pere & le sien. Les Troupes que le Duc d'Yorck lui avoit laissées pour la garde du Roi n'étoient point assez nombreuses pour le mettre en état de tenir la Campagne, mais il trouva le secret de les grossir tout d'un coup en y incorporant les Compagnies Bourgeoises de Londres ; & n'ignorant point de quelles gens l'Armée de la Reine étoit composée, il se crut assez fort pour combattre une femme & des Soldats sans discipline. Il prit donc le chemin de saint Albans à la tête de huit mille hommes ; dont il s'étoit fait une Armée en moins de vingt-quatre heures. N'ayant osé laisser le Roi derriere lui, il le força de le suivre ; & sa marche fut si prompte, qu'en approchant du Camp de la Reine, il se flatta de la prendre au

depourvû , comme elle avoit esperé
de le surprendre à Londres.

Mais elle avoit deja reçu l'avis
de son approche par son Messager,
& la tranquilité qui paroissoit regner dans le Camp n'étoit qu'un
stratagéme qui trompa le Comte.
Elle avoit donné ordre au Duc de
Sommerset de s'embusquer avec une
partie de ses Troupes , dans quelque lieu, d'où il pût le charger par
derriere lorsqu'il le verroit engagé
dans la Plaine ; & celles qui étoient
demeurées dans le Camp devant s'a-
vancer aussi-tôt qu'il paroîtroit , elle
étoit presque sûre que l'enveloppant
ainsi de toutes parts , il n'échapperoit
que ceux à qui elle jugeroit à propos
de faire grace.

Elle ne cacha point à la fille du
Chevalier Vvoodwille le danger qui
menaçoit son Amant. Elle vouloit
s'assurer par cette confidence du
progrès qu'il avoit fait dans son
cœur , & connoître quelle utilité
elle pouvoit esperer d'elle , si le
succès de ses armes ne repondoit
point à ses esperances. Elizabeth ne
se croyoit pour le Comte que les

 entimens d'eftime , qui font le tri-
but du merite , & ceux de la reconnoiffance qu'elle croyoit devoir
à fes fervices. Mais un avis fi terrible lui fit decouvrir dans fon propre cœur des impreffions qu'elle y
avoit ignorées. Malgré le foin avec
kquel elle étoit obfervée par la
Reine , elle trouva le moyen de
faire avertir le Comte des principales circonftances du peril. Cet
avis, qu'il reçut fur fa route , ne
le deconcerta point. Il changea dé
deffein qu'il avoit de fondre fur le
Camp en celui d'attaquer le Duc de
Sommerfet , dont il n'eut pas de
peine à decouvrir l'embufcade ; &
le chargeant avec fon impetuofité
ordinaire au moment qu'il s'y attendoit le moins , il l'auroit infailible-
ment mis en deroute , fi la fituation
du lieu n'eut été favorable aux Troupes de la Reine. Mais tandis qu'elles
en tiroient avantage pour fe défendre, celles du Camp, qui eurent le
tems de s'avancer , le mirent à fon
tour dans un defordre qui ne pût
être reparé par l'habileté & la valeur. Il eut peine à fe degager après

avoir perdu trois mille hommes ; &
se sauvant avec ceux qui purent le
suivre, il abandonna le Roi, qui se
retrouva ainsi libre au milieu des
Vainqueurs. Les Bourgeois de saint
Albans, irritez du deffein que l'Armée de la Reine avoit de les piller,
firent quelques mouvemens pour
secourir le Comte ; mais ils payerent
cette hardieffe par la ruine de leur
Ville.

Le Roi étoit accompagné, dans
son Carofle, de Mylady Nevill,
que le Comte de Vvarwick son frere avoit crue propre à lui adoucir
la rigueur de son sort par les agre-
mens de son entretien. Ainfi la même fortune, qui avoit fait remporter deux victoires à la Reine, lui
livroit encore tout ce qui reftoit de
cher à son Ennemi depuis la malheureufe fin de son pere. Elle jugea
que deux femmes qui avoient tant
de pouvoir fur le cœur du Comte,
lui ferviroient tôt ou tard à le faire
tomber dans le piége qu'il venoit
d'eviter, & fans leur faire apprehen-
der aucun mauvais traitement, elle
donna ordre qu'elles fuffent gardées
foigneufement

foigneufement. Elle n'ignoroit pas néanmoins qu'elles l'avoient trahie toutes deux, l'une en faveur du Duc d'Yorck, & l'autre par le fervice qu'elle venoit de rendre au Comte de Vvarwick ; mais ce n'étoit point une vengeance fubalterne qui étoit capable de flatter la Reine, ou du moins, dans une ame telle que la fienne, les petits reffentimens étoient aifément facrifiés aux mouvemens d'une haine plus violente. Si elle fit couper la tête à quelques Seigneurs qui furent arrêtés dans leur fuite, ce fut moins pour les punir d'avoir pris les armes contr'elle, que pour ôter à fon Ennemi les plus braves défenfeurs. Ainfi, en faifant exécuter le Lord *Bouville*, & le Chevalier *Kriel*, elle fit grace à plufieurs autres Prifonniers de Guerre, qu'elle méprifoit trop pour les craindre.

Cependant, le Comte de Vvarwick fut d'autant plus heureux dans fa retraite, que les deux détachemens qui l'avoient attendu fur le chemin du Païs de Galles ayant été battus par le Comte de la Marche,

*II. Partie.*                          E

Il ne trouva point d'obſtacle qui l'empêchât de ſe joindre à ce Prince. Leur rencontre ſembloit annoncer une nouvelle Bataille à la Reine, & perſonne ne s'attendoit qu'animez comme ils l'étoient tous deux par tant de pertes & d'outrages ils duſſent choiſir, pour ſe venger, la voye la plus incertaine & la plus lente. Ce fut néanmoins Vvarwick même, qui conſeilla au jeune Comte de negliger quelque tems la Reine & d'aller droit à Londres pour ſe faire couronner. Sa maxime avoit toujours été que le Duc d'Yorck ſe perdoit par ſes délais & ſes menagemens. Après avoir aſpiré ouvertement au Trône, il faloit tout oſer, diſoit-il, pour s'en aſſurer promptement la poſſeſſion ; & les compoſitions auſquelles le Duc avoit conſenti avoient été comme autant de baſſes retractations qui lui avoient ravi le fruit d'une ſi noble entrepriſe. Peut-être ce conſeil venoit-il de la confuſion qu'il avoit de s'être laiſſé enlever le Roi. Il prevoyoit tout l'uſage que la Reine alloit faire du nom de ſon mari ; & cherchant à repa-

rer ſa faute, il s'imaginoit que le
parti du Comte de la Marche agi-
roit avec plus d'audace en ſervant
un chef qui ſeroit revêtu du même
titre.

L'évenement fit connoître que
c'étoit la meilleure idée qu'il pût
inſpirer au Comte. Ils ſe hâterent
de gagner Londres. L'accueil qu'ils
y reçurent augmenta leur confiance.
On y avoit appris les deſordres
que l'Armée de la Reine avoit commis dans toutes ſortes de lieux, &
l'exemple de Saint Albans avoit
jetté tant de conſternation parmi
les Bourgeois, qu'ils ouvrirent leurs
portes & leurs bras à ceux qu'ils
crurent envoyés du Ciel pour les
garantir des mêmes violences. Dès
le lendemain, le Comte fit publier
qu'il avoit des propoſitions importantes à communiquer à toute la
Ville. Il marqua le lieu, qui étoit
une Plaine voiſine, où il rangea l'Armée du Comte de la Marche en
bataille. Là, s'étant avancé ſeul,
entre l'Armée & le Peuple, il demanda à haute voix ſi l'on ſouhaitoit pour Maître, Henri de Lanca-

tre. Comme il n'étoit pas difficile
de deviner le fens de cette queftion, le Peuple & l'Armée répon-
dirent unanimement : non, non. Il
demanda enfuite fi l'on ne recon-
noiffoit pas pour légitime héritier de
la Couronne, Edouard IV. chef de
la Maifon d'Yorck, auffi digne du
nom de Roi par fes vertus que par
le droit de fa naiffance. On répondit plufieurs fois oüi, avec les plus
vives acclamations. Le Comte de
la Marche parut alors, & reçut les
foumiffions de l'Affemblée par des
félicitations & des applaudiffemens
redoublés.

Il fut proclamé le jour fuivant dans
la Ville de Londres, avec toute la pom-
pe que les malheurs de l'Etat permettoient, fans qu'il fe trouvât un feul Par-
tifan de la Maifon de Lancaftre qui
ôfat lever la voix. Le Parlement, ac-
coûtumé en Angleterre à fe ranger du
côté du plus fort, déclara que le Roi
Henri ayant violé les conditions aufquelles on lui avoit laiffé la Couronne,
étoit dépouillé juftement de tous les
droits qui lui avoient été conferés
pour le refte de fa vie.

Quelle Fin des travaux de la Reine, & quel nouveau changement
dans le sort de Henri, qu'elle
croyoit ramener triomphant dans
ſa Capitale ? Elle apprit que c'étoit
au Comte de Vvarwick qu'elle devoit attribuer tout ſon malheur.
Dans la premiére chaleur de ſon
reſſentiment, elle laiſſa échapper un
ordre ſanglant contre ſa ſœur & ſa
Maitreſſe ; mais l'ayant auſſi-tôt ré-
tracté, elle ſe fit amener ces deux
Dames, les exhorta à ſe ſouve-
nir que leur vie étoit entre ſes
mains, & ſans les informer de l'é-
trange révolution qui venoit de ſe
faire à Londres, elle leur demanda
laquelle des deux ſe ſentoit diſpo-
ſée à rendre au Comte de Varwick
un ſervice qu'il ne pourroit payer
de trop de reconnoiſſance. La défiance qu'elles eurent toutes deux
de cette propoſition dans la bou-
che d'un Ennemie declarée, les
empêcha de répondre ; mais reprenant avec une franchiſe capable
de lever tous leurs doutes, elle leur
déclara que dans la juſte haine qu'elle portoit au Comte, elle étoit re-

foluë de mettre fa tête à prix ; qu'elle devoit ce châtiment à un Sujet
rebelle , qui n'avoit pû être rappellé
à fes obligations par le tragique
exemple de fon pere : que le devoir
des Rois neanmoins étant de n'employer les voyes extrêmes de la rigueur qu'après avoir épuifé celles
de la bonté , elle vouloit faire encore un effai de celles-ci , en propofant au Comte d'abandonner les
interêts de la Maifon d'Yorck , &
de reprendre tout l'attachement
qu'il devoit à fon Maître : qu'au
milieu de fa haine , elle rendoit juftice aux grandes qualitez du Comte , & qu'elle fentoit de quel avantage il étoit pour un Roi d'avoir de
tels Sujets pour appui de leur Trône ; qu'elle lui laifferoit la liberté
de faire fes conditions ; & que fi
c'étoit l'ambition qui lui avoit fait
oublier fon devoir , elle mettroit
pour fondement de leur reconci-
liation qu'il gouverneroit l'Etat après
elle.

On ne s'attend point ici à voir
ajoûter aux Hiftoriens que ce dif-
cours étoit fincere ; mais voici dans

quel fens : La Reine , qui avoit
été capable , dans plus d'une occafion d'avoir recours à l'artifice , ne
l'étoit pas d'employer une noire
trahifon. Ainfi par le même principe qui lui avoit fait faire un genereux effort fur elle-même pour retracter l'ordre qu'elle avoit donné
contre la vie des deux Dames , elle
étoit revenuë tout d'un coup à penfer que dans l'extrémité où elle
voyoit fa fortune , trouvant Londres & le Parlement declarez contre le Roi fon mari , & n'ayant plus
d'autre reffource qu'une Armée
dont elle avoit peine à reprimer la
licence , il ne lui reftoit peut-être
rien de plus favorable à tenter que
de gagner le Comte par des offres
extraordinaires. Il connoiffoit la fierté de celle qui prenoit le ton de fup-
pliante. C'étoit un appas pour un
cœur tel que le fien. C'en étoit encore un de trouver une affez haute
opinion de fa generofité dans fon
Ennemie pour le croire capable de
fe laiffer toucher par la confiance
qu'elle marquoit à fa vertu. Enfin ,
l'alternative de vengeance & d'ami-

té qu'elle propofoit étant un motif preffant pour les deux Dames, elle s'imagina que le cœur le plus endurci à la haine pouvoit être vaincu par les inftances d'une fœur & d'une Maitreffe. Mais en cédant à la néceffité qui la forçoit à cette compofition, elle n'en étoit pas moins réfolue de fe défaire du Comte s'il rejettoit fes offres ; & la menace de mettre fa tête à prix n'étoit qu'un voile, pour déguifer le deffein où elle étoit de lui ôter la vie par une voie plus courte. Elle laiffa donc aux deux Dames à décider pour laquelle il auroit le plus d'égard & de foumiffion, & la permiffion qu'elle offrit à l'une des deux fut de lui donner un rendez-vous dans le lieu qui leur paroitroit le moins fufpect.

La modeftie ne permettoit point à Elizabeth Voodwille d'accepter feule cette commiffion, quoiqu'il fut affez clair que les follicitations de l'amour font toujours les plus puiffantes, ce fut un embarras pour la Reine, qui s'étoit propofé d'en garder une pour lui répondre de la fidélité de l'autre. Cependant, par
le

conseil de Sommerset & de Clifford elle passa sur cette difficulté. Mylady Nevill eut la liberté d'écrire au Comte. Elle lui proposa de se rendre à quatre mille de Londres, dans une Terre qui appartenoit à leur Maison, où elle devoit le joindre par l'ordre de la Reine avec Elizabeth Vvoodwille qui étoit chargée comme elle de lui faire des ouvertures importantes. Elle lui marquoit que la Reine, la faisant escorter de cinquante hommes, il ne devoit point étre accompagné d'une suite plus nombreuse.

Le voisinage de la Ville sembloit propre à bannir toute défiance, & l'amour soutenu par la valeur ne connoît aucun danger. Cette partie ne parut au Comte qu'une avanture de galanterie. La seule précaution qu'il observa, fut de se faire préceder d'une partie de ses gens en approchant du rendez-vous, & s'étant assuré par leur rapport, que les Dames y étoient déja avec leur escorte, il s'avança d'un air intrepide. Leur conference dura peu. Ayant rejetté dès le premier mot toutes les pro-

pofitions qui pouvoient bleffer fa
gloire, il fut bien plus curieux d'apprendre ce qui retenoit les deux
Dames au Camp de la Reine, &
fçachant d'elles - mêmes, qu'elles y
avoient été gardées fort étroite-
ment, il leur propofa à fon tour de
profiter d'une fi belle occafion pour
le fuivre. S'il prévoyoit quelque
refiftance de la part de leur efcorte,
il fe flattoit qu'à nombre égal fa valeur mettroit l'avantage de fon côté. Mais il ne fe défioit pas d'être
écouté par Clifford, qui avoit promis à la Reine de le tuer auffi-tôt
qu'il le verroit, obftiné à rejetter fes
propofitions. Ce Seigneur, dont
la main étoit accoutumée à ces ac-
tions barbares, s'étoit déguifé en
femme avec deux des Officiers qui
avoient perdu leur pere à Calais.
Ils s'étoient rendus au Château du
Comte deux heures avant les Dames, fous prétexte d'être des femmes de leur fuite, & s'étant approchez du lieu de leur conference
fans avoir fait naître le moindre
foupçon à l'efcorte du Comte qui
faifoit la garde à la porte, ils s'é-

toient postez assez avantageusement
pour l'écouter & pour le surprendre. Cependant, ils ne purent en
trer dans la chambre où il étoit, sans
se trahir par l'ardeur de leur mouvement Il eut le tems de se mettre en
défense. Armé comme il étoit de toutes pieces, son bonheur le garantit
des premiers coups, tandis que les
cris des deux Dames appellerent ses
gens à son secours.

Il ne lui auroit pas été moins difficile de sauver sa vie, par l'impuissance où ils étoient de le secourir.
L'escorte des Dames avoit ordre
d'attaquer l'autre au moindre signe,
avec tout l'avantage que donne un
dessein formé sur des gens qu'on
prend au dépourvu. Ainsi, pendant que le carnage commençoit
au dehors, le Comte eut à soutenir
les efforts de trois hommes conjurez
pour sa perte. Mais Elizabeth Vvoodwille, dont le caractere répondoit
aux grandes avantures qui devoient
un jour l'élever sur le Trône d'Angleterre, se sentit animée de tant
de courage, qu'elle se saisit de Clifford avec une vigueur qui le ren-

dit comme immobile. Mylady Né-
vill aidant auffi à caufer du moins
quelque embarras aux deux autres,
le Comte tua l'un, d'un coup d'é-
pée, & fe dégagea affez heureufement du fecond pour s'échapper
par la porte. Sa prefence fut comme le figne de la victoire pour fes
gens. Il acheva avec eux de tail-
ler en pieces ceux qui oferent encore foutenir fes reproches & fes
coups. Enfin, les ayant tuez jufqu'au
dernier, il rejoignit les Dames avec
autant de tranquillité que fi leur
converfation n'eût point été interrom-
pue. De tant de malheureux qui
avoient compté fur une victoire certaine, Cliford & celu qui étoit refté
avec lui, furent les feuls qui fe fauverent
à la faveur d'un bois voifin du Château.

La fidélité que la Reine avoit eue,
de ne pas donner aux Dames une efcorte fuperieure à celle du Comte,
fit paroître cet attentat moins odieux,
& la trahifon de Clifford ne fut
honteufe que pour lui. Mais le
Comte n'en fut pas moins indigné
contre la fource d'un outrage fi

fanglant , & dans l'ardeur de la vengeance, à peine fe donna t'il le tems
de conduire lui-même les deux Dames à Londres. Il enflamma par fes
exhortations le Roi Edoüard, & raf-
femblant tout ce qu'il put trouver
de volontaires dans la Bourgeoifie
de Londres & dans les Villes voifi-
nes, il les joignit aux Troupes de
ce Prince , qui compoferent ainfi
une Armée formidable. Ce fut dans
cet intervalle que Vauclerc , qu'il
avoit laiffé à Calais pour y com-
mander pendant fon abfence , lui
amena deux mille hommes , refte
des anciennes Guerres de France
à qui ce brave Officier avoit accordé un azile , lorfqu'ayant été con-
gediées ils cherchoient un Maitre qui
voulut payer leurs fervices. Il les
avoit choifis avec tant de foin, qu'il
fe faifoit gloire d'être à la tête d'un
Corps fi bien éprouvé ; & fur la
nouvelle qu'il avoit eue de la défaite
du Comte à Saint Albans, il venoit
lui offrir ce zéle & ce courage,
dont il lui donna dans la fuite tant
de marques éclatantes. Mais ce que
Vvarwick gagnoit par l'arrivée d'un

fi galant homme ne compenſoit pas dans ſon eſtime la perte qu'il fit d'un autre bien, ſans en avoir eu la moindre défiance, & ſans en avoir encore le moindre preſſentiment. On avoit appris avec quelle reſolution Elizabeth Vvoodwille l'avoit ſauvé des mains de Clifford, & ceux à qui une action ſi extraordinaire avoit inſpiré la curioſité de la voir, avoient encore plus admiré ſes charmes, qu'ils n'avoient été ſurpris de ſon courage. Edoüard ne s'étoit pas mieux défendu que mille autres, contre la beauté de cette Heroïne. Je ne fais qu'obſerver l'origine d'une paſſion qui couta au Comte de Vvarwick ſa fortune & ſa vie, après avoir fait ſon ennemi mortel d'un Prince ingrat qui lui devoit ſa gloire & ſa Couronne.

Ils ſe hâterent tous deux de partir, avec l'eſperance que donne la valeur & la ſuperiorité du nombre ſur des Ennemis qu'on déteſte & qu'on mépriſe. Mais la Reine, qui étoit informée de leurs forces, n'avoit pas jugé à propos de riſquer une Bataille ſans avoir augmenté

les siennes. Si jamais elle avoit été
sensible à quelque disgrace , c'é-
toit à l'humiliation que lui avoit
causée le triomphe du Comte de
Vvarwick , & la délivrance de ses
deux Captives. Elle étoit partie presqu'aussi-tôt avec son mari, pour aller cacher sa douleur & sa confusion dans les Provinces du Nord,
où la Maison de Lancastre avoit
toujours eu beaucoup de Partisans.
Elle les trouva si peu refroidis, qu'ils
s'empressèrent de fortifier son Armée par des recruës considerables ,
& par des corps entiers de nouvelles
Troupes. Leur diligence ayant éga-
lé leur zéle, elle se vit dans peu de
jours à la tête de soixante mille hommes.

Edoüard, qui redevenoit le plus
foible quoiqu'il fût parti de Londres avec quarante mille hommes,
n'en perdit pas un moment, le desir
d'avancer , ni l'esperance de vaincre. Il prit sa marche vers Yorck ,
où il apprit qu'Henri & la Reine
s'étoient rendus. Etant arrivé à
Pontefract , la vûë d'un lieu où le
plus ardent de ses défenseurs avoit

perdu la vie par la main d'un Bourreau , reveilla tout son courage
avec ses ressentimens. Mais quels
furent les mouvemens du Comte de
Vvarwick en visitant une Place qui
lui parut teinte encore du sang de
son pere ! Ils avoient à passer le
Pont de *Ferrebrigde* pour joindre
l'Ennemi qui étoit campé à quelque distance de la Riviere d'Aire.
Le Lord *Fritzvvater*, eut ordre de
s'emparer du Pont avec un détachement assez considerable ; mais il y
trouva le furieux Clifford , qui tailla
en pieces une partie de ses gens,
& qui le tua lui-même, avec le Bâtard de Salisbury. Nouvel éguillon
pour l'animosité du Comte de Vvar-
wicк. Il accourut vers Edoüard, &
mettant pied à terre, il tua son cheval en sa presence : " Sire , lui dit-il,
,, l'Ennemi est maître du Pont. Mais
,, fuye qui voudra. Pour moi, je jure
,, par ce *bon signe* ( en faisant ce ser-
,, ment il baisa la croix de son épée ]
,, de demeurer seul ici avec Vauclerc ,
,, & de combattre jusqu'au dernier
,, soupir. ,, Et sur le champ il engagea ce Prince à faire publier dans

l'Armée, qu'il accordoit la liberté de
se retirer à ceux qui craignoient
l'Ennemi , & qu'il recompenseroit
ceux qui feroient leur devoir , mais
qu'il n'y avoit point de pardon à
esperer pour ceux qui prendroient
la fuite. Ensuite détachant Falcombridge son oncle pour aller passer la
Riviere trois mille au dessus du
Pont , il lui donna ordre de revenir
au long du bord , & d'attaquer Clifford qui le gardoit de ce côté - là.
Cette expedition fut conduite avec
autant de secret que de diligence.
Clifford surpris par Falcombridge ,
ne pensa qu'à se défendre contre une
attaque si imprévûe. Il abandonna le
Pont , que le Comte se hâta de passer , à la tête d'une partie des Vete-
rans de Vau clerc. Il cherchoit Clifford. Il le joignit ; & l'ayant d'abord
blessé d'un coup de fléche, il l'acheva
du tranchant de son épée , dont il lui
fendit la moitié du corps ; châtiment
trop leger pour un traitre & un barbare.

La Reine qui s'étoit retirée à Yorck
avec son mari , ne s'effraya point
d'une perte si legere. Elle donna le
commandement de son Armée au

Duc de Sommerfet, & ne voyant de reſſource pour elle que dans la victoire, elle lui declara qu'il falloit vaincre ou perir. Les deux Armées ſe rencontrerent le Dimanche des Rameaux dans la Plaine de Tawn- ton, où elles ſe rangerent en Ba- taille. Il ne s'en étoit pas vû depuis long-tems de ſi puiſſantes en An- gleterre, & j'ai fait remarquer que celle de la Reine ſurpaſſoit l'autre d'un tiers. Mais il arriva malheureu- ſement pour les Lancaſtiens, que l'air s'étant obſcurci par la neige, qui tomba tout à coup en abondance, le vent la leur portoit au viſage. Fal- combridge, qui commandoit l'avant- garde d'Edouard prit ce moment pour faire quitter l'arc à ſa Troupe; & lui ordonnant de fondre ſur l'En- nemi à grands coups d'épée, il com- mença un combat qui fut dès le pre- mier inſtant un affreux carnage; & qui dura depuis le matin juſqu'au ſoir avec cette fureur & cette obſti- nation. Les Hiſtoriens n'en ont don- né qu'une idée fort confuſe, mais ils s'accordent tous à le faire regar- der comme un des plus terribles châ- timens que le Ciel ait jamais exer-

cès contre l'Angleterre. Les Lan-
caftriens commencerent vers le foir
à ceder le terrain. Ce ne fut pas
neamoins en fuyant. Ils fe battoient
en retraite , & faifoient ferme de
tems en tems , avec une vigueur qui
rendoit encore la victoire incertaine.
Cependant le Comte de Vvarwick
ayant animé fes gens par des exemples prodigieux de valeur , ils preffe-
rent tellement leurs Ennemis qu'ils
leur firent enfin tourner le dos. Et
ce fut alors que le maffacre devint
epouvantable. Les fuyards prirent
d'abord vers le Pont de Tadcafter ,
mais fe trouvant preffés par des Vainqueurs cruels , qui avo.ent ordre de
ne faire quartier à perfonne , ils
voulurent fe detourner pour paffer
le Ruiffeau de *Corke* , qui fe jette
dans la Riviere de *VVarf* ; ils fe
precipiterent avec tant de defordre ,
que le Ruiffeau fe trouva auffi-tôt
rempli de ceux qui s'étoient noyez ,
& qui dans leur malheur fervirent
de Pont aux Compagnons de leur
fuite. On rapporte que le carnage
fut fi grand dans cet endroit , que
les eaux de la Riviere de Vvarf paru-

rent teintes de fang pendant plufieurs
jours ; & ce recit n'eft point incroya-
ble , puifque les Hiftoriens affurent
que le nombre des morts fut d'envi-
ron quarante milles hommes.

Edouard prit le chemin d'Yorck
après fa victoire , dans l'efperance de
fe faifir du Roi & de la Reine ; mais
il y apprit qu'à la nouvelle de leur
défaite, ils étoient partis avec la derniere precipitation pour fe retirer
en Ecoffe. Son premier foin fut
de faire ôter de deffus les murs la
tête du Duc fon pere , & celle du
Comte de Salisbuy , en regrettant
de ne pouvoir mettre à leur place
celles de Henri & de Marguerite.
Il y fit apporter celles du Comte
de Devonshire & du Lord Clifford ,
aufquelles il en joignit un grand
nombre de moins celebres.

La perte de cette fameufe Bataille
fut un malheur irreparable pour la
Maifon de Lancaftre. Edouard ne
trouva plus d'Ennemi à combattre,
& jugeant par l'abattement des
vaincus qu'il ne lui en reftoit plus à
craindre , il reprit le chemin de Londres, où il eut la fatisfaction de voir

arriver presqu'auffi tôt plufieurs Seigneurs , qui vinrent implorer fa clé-
mence. On affure que ce fut la
honte d'avoir repondu fi mal à l'attente de la Reine, qui les empêcha
de la fuivre , & qui leur fit abandonner un parti auquel leur inclination
les attachoit autant que les anciens
engagemens de leur famille. Auffi
parut-il bien tôt que leur cœur n'a-
voit point de part à cette infidelité.
Après quelques éxécutions fanglantes qui parurent neceffaires au nouveau Roi pour affurer fon trône,
il affembla un Parlement , auquel il
n'eut pas de peine à faire approuver
tout ce qui s'étoit fait jufqu'alors
en fa faveur. Il étoit victorieux
L'avantage des armes a toûjours été
le meilleur titre en Angleterre pour
decider des pretentions à la Couronne. Les Parlemens n'ont jamais
entrepris de s'éloigner du principe
falutaire , qu'il faut fe declarer pour
le plus fort. Suivant cette maxime ,
la nouvelle affemblée approuva le
couronnement d'Edouard , qui fut
celebré avec beaucoup de pom-
pe. Elle confirma fes droits , & caffa

tous les Actes qui s'étoient faits sous
le dernier regne contre la Maison
d'Yorck. Henri VI. après un regne
de trente huit ans, fut regardé comme un usurpateur. C'est ainsi, pour
me servir des termes d'un celebre
Historien , qu'on se jouoit de la cre-
dulité du Peuple , & qu'on lui faisoit
croire que tout ce qui avoit été juste
pendant soixante ans , étoit devenu
injuste par une victoire dont le nouveau Roi n'étoit redevable qu'à
sa fortune.

Il ne restoit dans tout le Royaume que la Ville de Berwick qui fut
demeurée fidelle à la Maison de
Lancastre , & la necessité de plaire
au Roi d'Ecosse , à qui le Roi & la
Reine fugitifs avoient demandé un
azile , les força bien-tôt de l'abandonner aux Ecossois. Ce fut à ce
prix que Marguerite obtint la permission de cacher pendant quelque
tems sa douleur dans un Château
d'Ecosse , où elle demanda la liberté
de se retirer. Les Ducs de Sommerset & d'Excester qui avoient eu
le bonheur de se sauver après la Bataille , composoient toute sa suite.

Dans l'incertitude des refolutions
qu'elle avoit à prendre, elle refufa
des honneurs qui l'auroient génée,
& ce ne fut qu'après avoir pris le
parti d'aller demander dans les Cours
Etrangeres des fecours qui lui furent refufez en Ecoffe, qu'elle accepta pour le Roi fon époux & pour
le Prince Edouard leur fils, une garde de cent Cavaliers pendant fon
abfence.

Mais tandis qu'elle s'abandonnoit
amerement à fes reflexions, & que
dans le befoin où elle étoit d'argent
elle, fe voyoit obligée de rejetter
toutes les voyes qui demandoient
cette forte de fecours, il lui vint
dans fa folitude un Negociant François, qui s'étoit établi en Ecoffe où
il avoit amaffé des richeffes confiderables par le Commerce qu'il entre-
tenoit avec les Pays-Bas. Après lui
avoir exprimé la compaffion qu'il
reffentoit de fes malheurs, il la fit
fouvenir d'un bon office qu'elle lui
avoit rendu dans fa jeuneffe à la
Cour de Nanci, & lui expliquant de-
quoi fa fituation le rendoit capable
pour lui marquer fa reconnoiffance,

il lui offrit tout ce qu'elle croiroit
propre à l'aider dans son infortune.
Elle regarda cette offre comme une
faveur du Ciel. Un Vaisseau & de
l'argent étoient les seuls biens qu'elle
desiroit. Les ayant obtenus du Negociant, elle ne s'arréta quelques
jours de plus en Ecosse que pour
liér le jeune Roi Jacques & ses Ministres par toutes les promesses qui
pouvoient la rendre tranquille sur le
sort de son mari & de son fils.

Elle laissa le Duc d'Excester auprès de ces deux Princes, pour veiller
continuellement à leur sûreté ; & s'é-
tant embarquée à Dumbar, avec le
Duc de Sommerset, elle alla descen-
dre dans un Port de Flandres, d'où
elle envoya Sommerset à la Cour
du Duc de Bourgogne pour solliciter
son assistance, tandis qu'elle se rendit
à Paris pour implorer elle-même le secours de Louis XI. Ce P ince avoit
tant d'occupations du côté de la Bretagne, qu'elle le trouva peu disposé
à se faire une querelle avec l'Angleterre. Mais il ne put refuser son amitié
& ses bienfaits à une Reine malheu-
reuse qui lui appartenoit de fort
près

près par le fang. Il la combla de ca-
reff:s , & s'il ne lui accorda point des .
fom:nes confiderables ni des Troupes reglées , il lui permit d'engager à
fon fervice tous ceux qu'elle trouveroit difpofez à prendre volontairement fes interéts. A l'âge où elle
étoit encore , elle auroit trouvé autant de Champions qu'il y avoit de
jeunes Seigneurs à la Cour ; & ce
charme qu'elle avoit pour gagner
les cœurs , quand fa fierté lui permettoit de l'employer , auroit eu
plus d'effet que le confentement du
Roi pour lui faire lever une Armée ; mais après avoir commencé
fort heureufement , une foibleffe
dont ni le poids de l'adverfité , ni la
force de l'ambition ne purent la défendre , ruina fes plus belles efperances.

Entre la jeune Nobleffe qui s'em-
preffa autour d'elle , elle fut frappée
de la bonne mine du Seigneur *de la
Varenne* , Grand Senêchal de Normandie. Ce gentilhomme joignoit à
beaucoup d'efprit & d'élevation de
fentimens , un tour d'imagination qui
n'étoit pas rare d s ce fiecle à la Cour

*II. Partie.*                    G

de France , mais qui ne manquoit pas
d'être toûjours plus vif & plus agii-
fant dans les caractéres aussi distin-
guez que le sien. Il se piquoit de
galanterie , dans tous les sens qu'on
attachoit alors à cette idée ; c'est-
à-dire , que mettant sa gloire à soutenir l'honneur & les interêts des
Dames , il cherchoit toutes les oc-
casions de meriter le titre qu'il prenoit de leur Chevalier. Celle de
fecourir une Reine aussi celebre par
son courage que par sa beauté , lui
parut faite pour exercer tout ce
qu'il y avoit de romanesque dans
ses idées. Il lui offrit son bien , qui
étoit confiderable , & son épée ,
qu'il avoit deja signalée effectivement par des exploits dont on trouve les traces dans nos Histoires.
Soit que la Reine eût pris assez bonne opinion de lui pour esperer beaucoup de ses promesses , soit que
n'ayant point le cœur insensible ,
elle se fût laissée attendrir par ses
foins , elle lui marqua bien-tôt des
préferences qui éloignerent d'elle
ceux qui s'en étoient approchez avec
les mêmes desirs.

Sa politique parut l'abandonner.
Loin de reconnoître le tort qu'elle
se faisoit en negligeant les offres d'une
si belle Jeunesse , il sembla qu'elle
eût borné toutes ses vûës à la conquête du Senêchal , & que cinq cens
hommes qu'il lui promit d'assembler
sous ses ordres remplissent toutes les
esperances qui lui avoient fait quitter
l'Ecosse. Quelques Historiens la jus-
tifient par la crainte qu'elle eut de
se precipiter dans de nouveaux embarras , en s'associant tant de jeunes
gens qu'elle auroit eu peine à con-
tenir , & dont l'obéïssance auroie
été douteuse pour le Chef qu'elle
auroit mis à leur tête ; au lieu que
dans la pensée où elle étoit qu'elle
n'avoit besoin que d'un petit nombre de gens resolus pour faciliter sa
descente dans le Nord d'Angleterre ,
où elle se promettoit que sa seule
presence ranimeroit tous ses Partisans , elle trouvoit dans la Varenne
& dans sa Troupe , tout ce qu'elle
croyoit necessaire à son expedition.

Quelque jugement qu'on en veüille
porter , elle se remit en mer avec lui ,

sur la promesse vague d'un secours
plus puissant , que le Roi lui fit attendre aussi-tôt qu'elle auroit fait declarer pour elle quelques Provinces
d'Angleterre. Edoüard l'ayant fait
observer inutilement à son passage,
elle a la tenter sa descente à *Tinmouth.*
Mais elle y trouva un Corps de
Troupes, qui la força de remettre
à la voile. Une furieuse tempête ,
dont ses Vaisseaux eurent beaucoup
à souffrir , la faisoit penser à regagner la côte de France , lorsque le
vent , qui changea tout d'un coup,
la conduisit sans le secours des Ma-
telots dans l'embouchure de la
Twede , d'où elle se rendit facile-
ment à Berwick. Le Senéchal s'y
retrancha par son ordre , en attendant qu'elle eût fait repandre le
bruit de son arrivée dans les Provinces voisines. Mais l'ardeur des
Habitans ne repondit point à son
attente ; & sur la nouvelle qu'elle reçut bien-tôt que le Chevalier Ogle
venoit attaquer le Camp du Senéchal avec quatre mille hommes ,
elle gagna la Frontiere d'Ecosse ,
où elle se flatta que les Ecossois ne

la laifferoient point opprimer.

Si les Hiftoriens n'ont laiffé aucun détail des galanteries de Marguerite, on trouve par intervalles
affez de preuves que les imputations
de fes Ennemis n'ont pas toujours
été fans fondement. Ceux qui l'ont
acculée d'avoir aimé fucceffive-
ment les deux Sommerfets, n'auroient pas été trop aveuglez par la
haine, fi ce reproche avoit été auffi
jufte pour le pere qu'il paroît l'ê-
tre à l'égard du fils. La Reine l'avoit
laiffé en Flandres, où plus actif
& plus heureux qu'elle, parce qu'il
brûloit du defir de la fervir, il
avoit obtenu du Duc de Bou go-
gne la permiffion de lever quelques Troupes, avec lefquelles il
étoit repaffé fur le champ en Angleterre. Ayant choifi fi habilement
le lieu de fa defcente, qu'il étoit
entré fans oppofition dans le Northumberland, il y auroit preparé à
la Reine plus de facilité qu'elle n'en
avoit trouvée fur la côte, s'il n'eût
été forcé par des évenemens impre-
vus de fe renfermer dans Bamburgh.
Il s'y deffendoit vaillament, lorfqu'il

apprit non - feulement que la Reine étoit entrée dans la Twedemais qu'el-le étoit accompagnée d'un Chevalier François qui avoit acquis toute fa confiance, & qui ne gouvernoit pas moins fon cœur que les affaires & fes Troupes. Il fut indigné que deux mois d'abfence euffent fait oublier fon attachement & fes fervices. La jaloufie eut part fans doute à ce reffentiment, & quelque idée qu'on doive prendre de la nature de fon zéle, il ne peut fouffrir qu'un Etranger vint emporter des préferences qu'il croyoit avoir meritées. Il étoit affiegé par le Chevalier Nevill, qui venoit d'être créé Marquis de Montaigu. Cette famille étoit fi puiffante à la Cour de Londres, qu'il ne pouvoit choifir une médiation plus certaine pour faire fa paix avec Edoüard. Le Marquis flatté d'une conquête fi éclatante, obtint pour lui la reftitution de tous fes honneurs & de tous fes biens, avec une penfion annuelle de mille marcs.

Mais par une inconftance qui ne peut être attribuée qu'à l'amour, à peine fut - il à Londres qu'il le reprocha d'en avoir crû trop aifcment des bruits qu'il ne s'étoit pas donné le tems d'approfondir. Il écrivit à la Reine pour lui reprocher fon ingratitude, ou plûtôt pour s'en éclaircir. Elle s'étoit avancée jufqu'à Edimbourg, avec le Senéchal, qui avoit laiffé fes gens fur la Frontiere. La protection de la France, dont elle fit valoir les témoignages dans le fecours qu'elle avoit obtenu, determina le Roi d'Ecoffe à lui accorder la permiffion de lever quelques Troupes dans fes Etats. Henri, qui commençoit à fentir le prix d'une Couronne depuis qu'il avoit perdu la fienne, s'employa lui même à former une Armée, & fon parti reveillé dans le Nord d'Angleterre par les préparatifs qui fe faifoient en fa faveur, paroiffoit difpofé à faire quelque nouveau mouvement pour le feconder.

La reponfe de la Reine à Sommerfet ne contenoit que des plaintes de fa trahifon ; mais fe trouvant trop heureux d'être regretté, il ne penfa qu'à reparer par un nouveau facrifice de fa fortune le tort qu'il s'étoit fait dans son esprit. En quittant la Cour d'Edoüard, il engagea dans la même resolution Raoul Percy, frere du Comte de Northumberland, qui s'étoit soumis à Edoüard après la Bataille de Tanwton. S'ils n'oserent entreprendre de lever des Troupes, ils porterent à la Reine une somme considerable que leur credit leur fit trouver à Londres. Ils la joignirent dans le Northumberland, où elle s'étoit deja renduë avec son Armée. L'impatience que Sommerset eut de la revoir lui sauva la vie dans une rencontre, où le petit nombre de gens qui l'accompagnoit fut taillé en pieces par le Marquis de Montaigu. Il s'étoit avancé en laissant Percy à la tête de quelques Compagnies qu'il avoit ramassées dans sa route. Montaigu, qui commandoit dans le Nord, arrivoit dans le même tems, avec toutes les Troupes qu'il avoit pû rassembler, & fondant sur Percy, qu'il trouva sans l'avoir cherché, il lui fit mordre la poussiere avec tous ses gens.

Mais la double inconstance du Duc de Sommerset ne demeura pas

beaucoup

beaucoup plus long-tems fans punition. Il trouva la Reine en marche.
Avec quelques marques de joie &
d'affection qu'elle parut le recevoir, il s'apperçut bien-tôt qu'il ne
s'étoit pas trompé dans fes premiers
foupçons., & que toute la faveur
étoit pour le Senechal. Le court ef-
pace qu'il paffa près d'elle fut employé en plaintes & en explications,
qui ne produifirent point de recon-
ciliation plus fincere. On étoit arrivé à Exham., & la Reine ayant pris
la refolution d'y camper, pour raffembler les fecours qui lui arrivoient
fans ceffe, l'Armée travailloit à fe
fortifier par divers retranchemens ;
lorfque Montaigu animé par l'avantage qu'il venoit de remporter, eut
la hardieffe d'attaquer Henri dans fes
Lignes. Il le preffa fi vivement que
ne lui ayant point laiffé le tems de
fe reconnoitre., il lui tua la meilleure partie de fes gens, & mit le
refte en fuite. Henri & Marguerite
fe fauverent par des routes differentes, qui conduifirent l'un en Ecoffe,
& l'autre dans les plus étranges ex-
trémitez, où la fortune ait jamais

*II. Partie.*                    H

fait tomber une Reine. Le Duc de Sommerfet eut le malheur d'être fait prisonnier. On ne le fit pas languir. Montaigu irrité qu'il lui eût manqué de parole, lui fit trancher la tête à Exham.

La Reine qui n'avoit pas eu le tems, dans son trouble, de prendre une voiture ni de se faire accompagner, s'étoit hâtée de gagner à pied une Forêt voisine, avec le jeune Edouard son fils, qu'elle conduisoit par la main. N'ayant osé sortir de cet azile jusqu'au soir, elle y fut surprise par la nuit. Loin de s'affliger de cette avanture, elle pénétra dans l'épaisseur des arbres, & s'y livrant à toute l'amertume de ses réfléxions, elle remercia le Ciel de lui accorder une retraite où les Ennemis qu'elle avoit à craindre lui paroissent bien moins redoutables que les hommes. J'aurois peine à m'arrêter au détail de cette avanture, si les meilleurs Historiens d'Angleterre n'en avoient pas rapporté toutes les circonstances, & si nôtre *Monstrelet* même n'en racontoit les principales, sans y joindre aucune marque

de doute. Rapin en parle avec peu d'é-
tenduc ; mais il la fuppofe néanmoins
comme un fait attefté par d'autres
Hiftoriens , & s'il l'a touché fi légére-
ment , on fent qu'une Hiftoire géné-
rale admet moins les détails de cette
nature que l'Hiftoire d'une vie parti-
culiere. Il faut confidérer d'ailleurs
que ce qui m'a fait regarder la vie
de Marguerite d'Anjou comme une
partie des plus curieules & des plus
intereffantes de l'Hiftoire d'Angleterre , eft la fingularité même des avantures de cette Reine , & la multitude des faits ou triftes , ou ten-
dres , ou terribles , que la fortune a
pris comme plaifir à raffembler dans
le regne de Henri.

Au milieu des plus triftes réflexions , il s'en préfenta une à la Reine
dont fon imagination fut d'autant
plus flattée , que l'année étant alors
dans fa plus belle faifon , elle ne
trouvoit dans la douceur de l'air ,
& dans la verdure du feuillage , que
des raifons de fe familiarifer tout
d'un coup avec la folitude , & de
goûter tous les objets qui étoient
autour d'elle. Il lui tomba dans l'ef-

prit que la vie du Prince son fils
étant le fondement de toutes ses esperances, il n'y avoit point de lieu
où elle put la dérober plus sure-
ment à la haine de ses Ennemis,
que dans une Forêt deserte, où
l'on ne pouvoit soupçonner qu'elle
fût entrée avec lui, & où elle n'a-
voit pas même apperçû de routes qui
pussent lui faire craindre les rencon-
tres du hazard. Que n'avoit-elle pas
à redouter si elle s'exposoit le lendemain à celle du Vainqueur, & de
quel côté devoit-elle tourner pour
rejoindre son mari ? La crainte de
manquer de nourriture pouvoit-elle
l'inquieter, & falloit-il d'autre sou-
tien à la nature que celui dont les
animaux tiroient leur santé & leurs
forces ? Elle se confirma si bien dans
ces idées par les meditations d'une
nuit entiere, qu'elle se trouva déterminée le lendemain à passer du
moins quelque tems dans la Forêt
d'Exham, jusqu'à ce que les mouvemens de la guerre fussent appai-
sez dans les lieux voisins ; ou, si
le Ciel ne lui offroit pas quelque
moyen de regagner l'Ecosse, jus-

qu'à ce que son fils, qui n'avoit encore que huit ans, fût en état d'entreprendre une marche penible, &
de traverser le Northumberland pour
se rendre à Berwick.

Mais lorsqu'elle cherchoit quelque endroit commode pour s'en
faire un abri contre les injures de
l'air, elle decouvrit plusieurs per-
sonnes qui étoient couchez tranquil-
lement sur l'herbe, & qui paroif-
soient avoir passé la nuit dans le même lieu. Sa frayeur augmenta beaucoup en remarquant qu'ils avoient
entendu le bruit de sa marche, &
qu'ils jettoient les yeux de tous cô-
tez avec beaucoup d'ardeur. Toute
son adresse ne put empêcher qu'elle
n'en fut apperçûë. Ils accoururent
à elle. La vûë d'une femme qui étoit
couverte d'habits fort riches, &
celle d'un enfant qui portoit mille
marques d'une condition superieu-
re, parut leur inspirer d'abord quelque respect ; mais leur profession
étant de voler sur les chemins &
dans les bois, la facilité de s'emparer d'une si belle proye, chassa
bien-tôt les sentimens qui les avoit

arrêtés. Ils se jetterent sur la Reine,
qu'ils dépouillerent de ce qu'elle
avoit de plus brillant , & le jeune
Prince ne fut pas traité avec moins
de barbarie. On s'imagine aisément
que dans les agitations continuelles
où Marguerite avoit vécu , elle
étoit ornée de mille joyaux précieux , qui étoient comme les restes
de sa grandeur ; aussi prétend - on
que sa dépouille dût suffire pour en-
richir cette troupe de Brigands. Mais
ils furent si enyvrés de leur bonheur , que ne pouvant s'accorder
dans le partage , ils prirent querelle
avec une fureur & un aveuglement
qui répondoient à leur caractére. La
Reine , qui ne demandoit au Ciel
que la vie de son fils , saisit ce moment pour s'échapper avec lui , &
s'enfonçant dans la partie la plus
épaisse de la Forêt , elle ne cessà
point de marcher , aussi long-tems
que le jeune Prince en eut la force.
Mais le voyant prêt à tomber de
foiblesse , elle le prit entre ses bras ,
& elle continua sa marche avec une
vigueur & une résolution incroya-
ble. Elle se croyoit délivrée de la

plus effrayante partie du péril, lorfqu'elle rencontra un autre Voleur,
qui étoit de la bande des premiers,
& qui alloit les rejoindre, après avoir
achevé apparemment quelque crime
dont il brûloit de leur rendre compte.
Il s'approcha d'elle, l'épée haute ;
mais ce qui devoit la faire mourir
d'effroi, fervit au contraire à lui faire
rappeller tous fes efprits. Elle prit
l'air & le ton de majefté, qu'une fi
longue habitude du Trône lui avoit
rendu comme naturel, & le faifant
même éclater avec plus de force
dans une extrémité fi preffante, elle
préfenta le Prince de Galles au Voleur : *Mon Ami, lui dit-elle, fauve
le fils de ton Roi.*

Le nom de Roi pénétra ce Mférable d'un fi vif fentiment de refpect
& de frayeur, qu'il laiffa tomber
fon épée aux pieds du Prince, &
ne penfant qu'à lui rendre fes fervices, il offrit à la Reine tout ce
qu'elle le croiroit capable d'entreprendre pour la fauver elle & foa
fils. Elle lui propofa de fe charger
du jeune Prince, qu'elle n'avoit plus
la force de foutenir. Il le prit entre

ſes bras, tandis que ſe ſaiſiſſant de
ſon épée, elle ſe mettoit en état de lui
faire la loi, s'il eût été capable de re-
racter ſes offres. Mais ſon zéle fut ſi
conſtant, que ſur la relation qu'elle
lui fit de la barbarie de ſes Compagnons, il voulut lui perſuader de retourner à eux, en l'aſſurant qu'il
trouveroit le moyen de leur faire
reſtituer ce qu'ils lui avoient enlevé. La Reine ne regardoit plus
ſes joyaux comme une perte. Elle
éprouvoit que rien ne donne tant
de force que l'adverſité aux ſentimens de la nature, & ſon fils lui
tenoit lieu de tout. La ſeule priere
qu'elle fit au Voleur, fut de la conduire dans un lieu aſſez ſûr pour y
prendre le tems de s'informer ſans
peril, du ſort de Henri & de ſon
Armée. Il avoit ſa maiſon & ſa femme dans un Village voiſin. Dans l'é-
tat où il trouvoit le Prince & ſa mere, preſque nuds, défigurez par la
fatigue & par la crainte, il leur demanda s'ils croyoient riſquer d'être
reconnus en ſe retirant dans cet azyle.
La neceſſité les força d'accepter ſes
offres.

Ils y demeurerent deux jours, tandis que le Voleur même, qui étoit devenu leur confident & leur défenſeur, prenoit des informations ſur les ſuites de la Bataille. Mais le troiſieme jour au matin, leur Hôteſſe, à qui ſon mari avoit recommandé de les garder ſoigneuſement, ſans lui avoir confié neanmoins un ſecret dont il étoit comme jaloux, vint les avertir qu'on avoit vû dans le Village quelques gens armez, qui demandoient avec inquietude ſi l'on n'avoit point entendu parler de la Reine & du Prince de Galles. Quoique cette demande eût quelque choſe d'indiſcret, Marguerite ſe figura que ce ne pouvoit être que des gens de ſon mari. Elle ſortit dans cette confiance, avec des habits empruntez de ſon Hôteſſe, & ſa curioſité ne l'expoſant à rien ſous ce deguiſement, elle reconnut le Senéchal de Normandie, accompagné de ſon Ecuyer, & d'un Gentilhomme Anglois, qu'il avoit prié de lui ſervir d'interprête & de guide.

La Varenne avoit été moins indifferent que le Roi pour le ſort de la

la Reine & du Prince. Après s'être
diftingué glorieufement dans la mé-
lée, il s'étoit vû forcé de céder au
torrent, & de mettre fa liberté à
couvert par la fuite ; mais il avoit
rallié fes gens fous fon Etendart,
& ne voyant aucun moyen de tenir la Campagne avec une Troupe fi foible, il les avoit envoyés
fous la conduite de *Barville*, fon
Lieutenant , dans une petite Ville
nommée *Alnevvick*, dont l'Armée
de la Reine s'étoit emparée en ve-
nant d'Ecoffe. Pour lui, qui avoit
déja fçu de quelques Anglois que
Marguerite avoit difparu avec fon
fils, & qu'on les avoit vûs tourner
vers la Forêt d'Exham, il ne douta
point qu'ils n'y euffent cherché une
retraite. S'étant confirmé dans cette
penfée, en apprenant que Henri avoit
pris vers l'Ecoffe, & qu'entre les
Prifonniers de Montaigu on ne nom-
moit ni la Reine, ni le Prince, il avoit
pris le parti de les chercher, avec
la précaution de ne fe faire accompagner que de deux perfonnes,
pour ne pas s'expofer aux obferva-
tions des Vainqueurs.

C'étoit un secours, dans l'extrémité où la Reine étoit réduite, mais un secours si foible, que s'il pouvoit servir à sa consolation, il étoit peu capable de contribuer à sa sûreté. En examinant même quelles facilités elle en pouvoit tirer pour gagner l'Ecosse, il lui parut qu'elle risqueroit beaucoup plus à paroître avec trois hommes armés, qu'avec le seul voleur qui devoit être son guide dans son premier projet. Cependant, d'autres craintes ne lui permettoient point de s'abandonner à la bonne foi d'un voleur, lorsqu'elle retrouvoit l'homme du monde dont elle connoissoit le mieux l'attachement. Elle fut délivrée de cette incertitude par le conseil du Gentilhomme Anglois qui accompagnoit le Sénéchal. Comme il n'étoit question que de sortir des Etats d'Edouard, il comprit que si les côtes du Northumberland étoient trop observées pour leur laisser l'espérance de gagner la Mer de ce côté-là, ils pouvoient se promettre plus de facilité du côté de la Province de Cumberland, qui borde la

Mer d'Irlande. Ils n'étoient guéres
plus éloignez de Carlile , qui est
à l'entrée du Golphe de Solway ,
que des premiers Ports de la Mer
du Nord , & ils l'étoient beaucoup
moins que de l'Ecosse. Le Gentilhomme Anglois avoit des amis dans
cette Ville qui pouvoient favoriser
leur embarquement. Pourquoi ne
pas choisir une route qui les conduisoit en peu de momens de Carlile dans le Galloway , d'où il leur
étoit si facile de gagner Edimbourg ? Ils s'arrêterent à cette resolution. Le Voleur , qui arriva
dans cet intervalle , les y confirma
par de nouvelles terreurs. Il avoit
appris que sur le bruit qui s'étoit
repandu que la Reine & son fils
n'étoient pas retournez en Ecosse ,
Montaigu se proposoit d'assieger
tout à la fois les Villes d'Alnewick
& de Dunstambourg , dans l'une
desquelles on s'imaginoit qu'elle s'é-
toit retirée. Cette ardeur à chercher
les moyens de se saisir d'elle & du
Prince , lui fit envisager toute l'horreur du sort qui les menaçoit tous
deux , s'ils avoient le malheur de

tomber entre les mains de leurs Ennemis; & le supplice de l'infortuné
Sommerset rendit cette crainte encore plus p essante.

Cependant, lorsqu'elle eut ra-
conté au Senechal la triste avanture
qu'elle avoit essuyée dans la Forêt, il ne crut pas que l'honneur
lui permit de s'éloigner sans avoir
tiré vengeance des Brigands qui l'a-
voient insultée. Les richesses dont
elle avoit été dépouillée, étoient
un autre objet qui méritoit bien de
n'être pas abandonné à des infâmes.
L'inégalité du nombre faisant peu
d'impression sur un cœur tel que le
sien, il resolut de les chercher au
travers de tous les périls, avec le
seul secours de ses deux Compagnons. Cette entreprise, qui répondoit si bien à ses idées de Che-
valerie, l'exerça inutilement pour
le dessein qu'il s'étoit proposé;
mais en parcourant les endroits les
plus deserts de la Forêt, il rencontra le Duc d'Excester, & Edmond,
frere du Duc de Sommerset, qui
s'y étoient jettez après la bataille
d'Exham. Pressez par leurs Enne-

mis, & n'ayant point de grace à eſ-
pérer du Vainqueur, ils s'étoient
flattés comme la Reine, de pouvoir
paſſer quelques jours dans cette ſo-
litude, & de trouver quelque voie
pour gagner l'Ecoſſe ou la Mer. La
rencontre du Sénéchal qu'ils n'a-
voient point aſſez vû pour le reconnoître, les expoſa tous à s'é-
gorger dans le premier mouvement
de leur defiance. Mais s'étant enfin
reconnus pour amis & pour Compagnons du même ſort, ils continuerent
avec auſſi peu de fruit la recherche
des Voleurs, qui s'étoient retirés apparemment pour mettre leur butin à
couvert.

Rien ne pouvoit être plus con-
ſolant pour la Reine que la vûe de
deux Seigneurs ſi dévoués à ſon
ſervice. Après avoir donné des larmes à la mémoire du Duc de Sommerſet, elle conſentit à prendre le
chemin de Carlile, & le ſecours
du Voleur fut accepté pour régler
une route dont il connoiſſoit tous
les détours. Les Seigneurs acquit-
terent la reconnoiſſance de la Reine,
en offrant à ſa femme une partie de

l'argent qu'ils avoient avec eux ; mais par une générofité digne d'un autre fort, il lui défendit de l'accepter, & s'affligeant même de n'avoir rien de précieux à leur offrir dans leur néceffité, il fit éprouver à la Reine un fentiment que les Rois doivent peu connoître, quand ils fçavent ufer de leur puiffance : "De toute "ma fortune, lui dit-elle, ce que "je regrete le plus à ce moment "eft le pouvoir de vous recompen- "fer." Elle arriva heureufement à Carlile, & les foins du guide Anglois lui firent trouver une grande Barque qui la tranfporta dans la première Province d'Ecoffe.

A peine eut-elle touché la Côte, qu'elle fentit renaître toutes les vûes que la mifere de fon fils, plu- tot que la fienne, & les allarmes qu'elle avoit eues · continuellement pour fa vie, avoient comme étouf- fées depuis la bataille d'Exham. Elle dépécha les Ducs d'Excefter & de Sommerfet à la Cour du Duc de Bourgogne, pour folliciter de nou- velles marques de l'ancien attache- ment de ce Prince à la Maifon de

Lancaftre. Ils étoient deftinez, comme elle, à paffer encore par d'étranges épreuves., avant que de voir quelque jour à relever leur fortune. Divers malheurs qu'ils effuyerent avant que d'arriver en Flandres, les firent tomber dans une fi grande milere, que n'ayant ofé fe prefenter au Duc par la crainte d'être foupçonnez d'impofture en paroiffant dans un état qui deshonoroit leur nom, ils furent réduits à demander l'aumône pour conferver leur vie. Philippe de *Commines* affure qu'il avoit vû le Duc d'Excefter, fuivant fans *chauffes*, l'Equipage du Duc de Bourgogne ; comme s'il vouloit faire entendre qu'il étoit réduit à la condition de Valet. Peut-être fervit-il lui-même à le tirer de cette affreufe extrêmité ; car il ajoûte que le Duc fut reconnu., fans expliquer à qui il eut cette obligation.. L'alliance que le Duc de Bourgogne penfoit à prendre avec Edouard , ne le difpofoit pas à fecourir la Reine Marguerite, ni à traiter favorablement fes Envoyez. Cependant , un refte d'inclination pour les Lancaftres lui fit accorder quelques faveurs aux deux

Ducs,

Ducs , avec une penſion modique ,
qui leur fut payée auſſi long-tems
qu'ils demeurerent à ſa Cour.

Mais la Reine , qui les avoit fait
partir de *Kerkebridge* où elle étoit
débarquée , s'y trouva expoſée à des
périls qui donnerent bien p'us d'e-
xercice à ſon courage. Quoiqu'elle
ſe crût en ſûreté dans l'Ecoſſe , elle
n'avoit pas jugé à propos de ſe faire
connoître en y arrivant , pour mé-
nager ſa propre gloire dans la triſte
ſituation où elle étoit. Cette raiſon
l'ayant déterminée à ſe priver auſſi-
tôt de l'eſcorte des deux Ducs , il
ne reſtoit avec elle & ſon fils que
le Senechal de Normandie & ſon
Ecuyer ; qui lui avoient paru ſuf-
fire pour la conduire ſans éclat juſqu'à Edimbourg , ou dans tout autre lieu que ſes nouveaux deſſeins
lui auroient fait choiſir. Elle s'étoit
logée , en débarquant à Kerkebridge,
chez un Anglois nommé Cork , qui
s'étoit fait un établiſſement dans cette Ville. Mais avec quelque précaution qu'elle ſe fût déguiſée , ſon
Hôte avoit reconnu la Reine Marguerite , le ſoutien de la Maiſon

de Lancaſtre & l'Ennemi du Roi
Edouard. Il étoit du parti de la Ro-
ſe blanche. Ses préventions, joint au
deſir de s'ouvrir une voie à la fortune, lui firent naître la penſée de
livrer la Reine & le Prince à la
Cour de Londres. Il s'aſſocia quelques autres Anglois de la même
Ville. S'étant munis d'une Barque
qu'ils crurent ſuffiſante pour traver-
ſer le Golfe du Solway, ils ſurpri-
rent le Sénéchal & ſon Ecuyer dans
le tems du ſommeil, & les forcerent
de ſe laiſſer conduire ſans bruit juſqu'au Port. La Reine & le Prince
y furent menés après eux, ſans pouvoir juger à quel nouvel outrage
ils étoient condamnés par la fortune. Leur incertitude dura juſqu'au
jour. Mais lorſque les premiers
rayons de la lumiere eurent fait reconnoître la Reine au Senechal, &
qu'il ne put douter de la noire trahiſon de ſon Hôte, la grandeur du
péril, la force du zèle qui l'attachoit
à la Reine, & le caractere particulier de valeur & d'adreſſe qui étoit
propre aux Chevaliers, lui firent
achever ſi heureuſement de ſe dé-

faire de ses liens, qu'il avoit travaillé
à rompre pendant toute la nuit, que
s'approchant de son Ecuyer, il fut en
état de lui rendre promptement le même service. Alors tout ce qui s'offrit
à deux si braves Guerriers devint une
arme terrible entre leurs mains. Ils se
défirent en un moment des cinq Trai-
tres qui les conduisoient, & qui n'eurent pas le courage de leur disputer
long-tems la victoire.

Cependant, les Rames, les Avi-
rons & tout ce qui devoit servir à
la conduite de la Barque, se trouvoit ou brisé par l'effort du combat,
ou precipité dans la Mer & emporté
par les flots. En retranchant d'une si
étrange avanture tout ce qui m'a paru blesser la vraisemblance, j'appre-
hende encore de me livrer trop à
l'Auteur que je traduis. Il raconte
que malgré toute l'adresse du Senechal & de son Ecuyer, qu'on ne
doit point regarder d'ailleurs co.n-
me des gens fort entendus dans la
Marine, le vent poussa leur Barque
jusqu'à l'entrée du Golfe, où, par une
faveur extraordinaire du Ciel, il les
rejetta du côté de l'Ecosse. Mais n'en

ayant pas plus de facilité à gagner la
terre, ils étoient reduits à l'esperance
d'échouer fur quelque banc de fable,
où ils auroient attendu avec moins
d'inquietude le paffage des Pêcheurs,
qui traverfent continuellement le Détroit depuis le Bec de Galloway
jufqu'en Irlande. Ce bonheur même leur fut refufé par la fortune.
Un vent impetueux, qui foufflöit
vers le Nord, les engagea dans le
détroit, & les pouffa avec violence
vers une pointe de l'Ecoffe, qui
tire fon nom de cette partie du Païs,
qu'on appelle Cantur. La feule faveur qu'ils dufent au Ciel, après
celle d'avoir été prefervez de la fureur des flots, fut d'aborder fans
naufrage fur une côte affez unie, où
le vent jetta fi rudement leur Barque, qu'elle y demeura ferme dans
le fable. Il fallut neanmoins marcher dans l'eau jufqu'aux genoux
pour gagner un endroit fec, & le
Senechal porta la Reine fur fes
épaules, tandis que fon Ecuyer rendoit le même fervice au Prince.

Il ne leur fut pas moins difficile
de gagner un lieu habité. Dans une

Province fort deserte, leur marche
fut longue pour trouver un Village.
Ils s'y arrêterent plus volontiers
que dans une Ville ; mais n'ayant
pas moins que toute la largeur de
l'Ecosse à traverser pour se rendre
à Edimbourg, ils conçurent par
leurs derniers malheurs qu'ils ne feroient point une si longue route
sans de nouveaux dangers. Le lieu
où ils se trouvoient étoit peuplé de
Païsans-grossiers, qui avoient à peine
entendu parler de la Guerre des Anglois, & qui n'étoient pas capables
de distinguer une Réine, s'ils ne lui
voyoient une Couronne sur la tête
& un Sceptre à la main. Cette sim-
plicité ne laissant rien à craindre parmi eux, Marguerite prit le parti d'y
attendre des nouvelles de son mari
& de lui envoyer l'Ecuyer du Senechal. On ne dit point quelles furent ses occupations dans cet intervalle. L'Historien lui prête de longues
reflexions, qui devoient être fort en-
nuyeuses pour elle, si elles le furent
autant que pour les Lecteurs.

Enfin, le retour de l'Ecuyer la
delivra d'une si miserable situation.

Il arrivoit avec quelques Gardes du Roi d'Ecosse & toutes les commodités qui pouvoient adoucir sa milere ; mais les nouvelles qu'il lui apportoit n'étoient propres qu'à redoubler ses douleurs & ses craintes. Henri s'étoit précipité dans un peril beaucoup plus redoutable que tous ceux dont elle étoit delivrée. On doutoit deja de sa vie, & s'il la conservoit encore, il paroissoit peu éloigné de la perdre. Les gens du Senechal, après s'ètre défendus courageusement dans Alnewick, avoient été forcez par le Comte de Vvarwick & son frere, qui les avoient renvoyés en France, en leur faisant regarder comme une grace, la vie qu'ils leur accordoient. Edouard avoit cimenté son Trône par le supplice de tout ce qui restoit de Seigneurs attachez à la Maison de Lancastre, & ce deplorable Parti sembloit avoir perdu pour jamais l'esperance de se relever.

. La Reine voulut connoître toute l'étenduë de son infortune avant que d'expliquer ses intentions. Son ame se roidissant contre les plus af-

freufes difgraces, il fembloit qu'elle
ne fut jamais plus forte que dans les
momens où tout fe declaroit contre
elle, & où elle n'efperoit plus rien que
d'elle-même au dehors. Elle fe plaignit que l'Ecuyer eût abregé fon
recit pour la menager; & fouhai-
tant même que fon fils n'ignorât rien
de ce qui pouvoit endurcir fon courage, & le former tout à la fois à la
hardieffe & à la patience, elle voulut qu'il apprît le detail des infortunes de fon pere & celles qui le me-
naçoient lui-même.

L'Ecuyer qui avoit paffé effectivement fur les plus funeftes circonftances du malheur de Henri,
fut forcé de les reprendre par fes
ordres. Il lui raconta que ce Prince,
en fe retirant fur la Frontiere d'E-
coffe après la bataille d'Exham, n'a-
voit paru negliger fa femme & fon
fils que par la perfuation où il étoit
que le Senechal de Normandie, les
Ducs d'Excefté & de Sommerfet,
& quantité d'autres Serviteurs fidéles qui veilloient à la fûreté de
deux têtes fi précieufes, prendroient
foin de favorifer leur fuite, & de

les efcorter dans quelque lieu inac-
ceffible à leurs Ennemis. Il s'étoit
imaginé que dans la neceffité de
tourner le dos au Vainqueur, leur
intérêt commun étoit de fe divifer,
pour lui faire trouver plus de difficulté à les pourfuivre. Mais s'étant
arrêté à Berwick, il y avoit paffé
plufieurs jours dans une mortelle inquietude en voyant arriver les de-
bris de fon Armée fans recevoir les
moindres nouvelles de la Reine &
du Prince. Il s'étoit encore flatté
qu'ils avoient penetré directement
dans l'Ecoffe, & cette efperance
l'avoit fait avancer jufqu'à Selkirk.
Mais après une longue attente, &
des recherches inutiles, il s'étoit
livré à de fi cruelles allarmes, que
fans confiderer ce qu'il avoit à redouter pour lui-même, il avoit pris
la refolution de rentrer en Angleterre. Ce n'étoit plus l'efpoir de ranimer fon parti qui le rendoit capable de cette temerité. Il en avoit vû
comme expirer les reftes à Exham,
& les Ecoffois qui étoient échap-
pez au carnage, paroiffoient rebu-
tez d'une fi malheureufe entreprife.
Mais

Mais n'ayant fouhaité le fuccès de
fes armes que pour l'interêt du
jeune Prince, il regardoit la vie
comme un fupplice s'il falloit trem-
bler continuellement pour celle
d'un fils fi cher ; & s'il ne pouvoit le tirer des mains de fes Ennemis, il étoit réfolu de périr avec
lui.

Quelque imprudence qu'il y eût
dans cet emportement d'affection,
on ne peut expliquer autrement
l'oubli de foi-même avec lequel
Henri repaffa la Twede, fans autre
fuite que dix Anglois qui lui dé-
vouerent leur liberté & leur vie. Si
c'eft la plus ferme action de fon Hiftoire, elle n'en merite pas plus d'é-
loge, puifqu'elle choquoit toutes
les regles de la prudence. Rapin,
fort embarraffé à l'expliquer, l'at-
tribue fans vraifemblance à l'embarras où il étoit pour fe cacher après
fa défaite ; comme s'il n'étoit pas
certain par le témoignage de Bu-
chanan, que le Roi d'Ecoffe étoit
encore fi bien difpofé pour lui, que
le Comte d'Angus fut envoyé au
fecours d'Alnewick avec un Corps

de Troupes Ecoſſoiſes. " Henri , dît „ Rapin , ne ſçachant où ſe retirer , „ crut mal à propos qu'il pourroit „ ſe cacher en Angleterre. Peut- „ être eſpera - t'il que les Habitans „ des Provinces Septentrionales re- „ prendroient les armes en ſa fa- „ veur. Mais les Princes malheu- „ reux trouvent rarement des amis „ fidéles. Du moins on peut préſu- „ mer que craignant d'être livré par „ les Ecoſſois , & n'ayant point de „ commodité pour ſe ſauver par la „ Mer , il eſpera de trouver une „ ſûre retraite chez quelque ami „ d'Angleterre , en attendant une oc- „ caſion de paſſer en France. „ C'eſt ainſi qu'un Hiſtorien s'embarraſſe quelquefois dans ſes propres conjec- tures. Rapin ſoutient les ſiennes du même ton, lorſqu'il ajoute , „ que „ les deux Rois d'Angleterre & d'E- „ coſſe étoient convenus de certains „ articles ſecrets , qui ne pouvoient , „ dit-il , regarder que le malheu- „ reux Roi fugitif. " Et citant le Recueil des Actes publics pour éta- blir la réalité de *certains articles ſe- crets* , il croit avoir aſſez prouvé que ces articles regardoient Henri, quoiqu'il n'y en ait acune trace dans les Actes. On voit qu'avec cette maniere de raisonner, il n'y a point d'imagination si destituée de vraisemblance qui ne puissent être données pour des veritez constantes.

Rapin auroit donc trouvé dans *Hayvvard* que ce fut l'incertitude du sort de la Reine & du Prince qui fit perdre à Henri la vûe du péril, & le soin de sa propre sureté. Il traversa les Provinces du Nord, avec un bonheur qui ne devoit point accompagner si long-tems tant d'imprudence. Son unique précaution avoit été de changer l'Ecu de ses armes, & de se faire passer sur la route pour un Ministre du Roi d'Ecosse, qui étoit chargé de quelque négociation à la Cour de Londres. Mais l'ardeur avec laquelle il s'informoit de la Reine & de son fils avoit déja commencé à faire naître des soupçons, lorsqu'il prit le parti de s'arrêter à Lutterworth, ou plutôt dans une maison fort voisine de cette Ville, chez un Gentilhomme dont la mere avoit été sa Nourrice. Il s'y croyoit dans

K ij

le sein de la confiance & de l'amitié.
Ayant dépéché une partie de ses
gens à Londres, il attendoit à leur
retour les éclaircissemens qu'il n'a-
voit pu se procurer dans une longue marche. Mais l'infidelité d'un
Domestique, qui le reconnut aux
marques de respect qu'il lui voyoit
rendre par son Maître, le fit arrêter
en plein jour avec son Hôte & toute
sa suite. Il n'y eut rien à espérer de
la resistance contre une troupe d'Officiers & de Soldats qui avoient leur
quartier dans le voisinage, ausquels
il avoit été lâchement vendu. L'in-
solence & l'outrage furent portez à
l'excès dans le traitement qu'il reçut
jusqu'à Londres. On le mit sur un
mauvais Cheval, couvert d'orne-
mens ridicules, avec son nom sur le
dos ; & dans chaque Ville & chaque Bourgade où il passoit, on l'exposa pendant quelques heures aux
regards du Peuple, parmi lequel
il se trouvoit toujours quantité de
miserables qui l'accabloient d'injures. Arrivé à Londres, il eut encore plus à souffrir de la fureur de
ceux qui avoient toujours été Parti-

fans de la Maifon d'Yorck, & qui croyoient fe faire un merite aux yeux de la nouvelle Cour en infultant à l'Ennemi d'Edoüard. Après avoir été promené dans les principales rues de la Ville, il fut précipité dans un des plus noirs Cachots de la Tour; & les premiers bruits groffiffant toujours la verité des évenemens, on parloit de fa mort comme d'une exécution déja faite ou peu reculée, lorfque l'Ecuyer du Senéchal avoit pris ces informations à Edimbourg.

La Reine en fut fi confternée, qu'avant que de fe croire capable d'entrer dans quelque déliberation, elle fe tint retirée pendant trois jours avec fon fils, fans fouffrir même l'entretien ni la vûe du Senéchal. Le jeune Prince, quoique privé par tant d'agitations & d'infortunes, de l'éducation qui convenoit à fa naiffance, avoit reçu d'affez riches prefens de la nature, pour faire efperer qu'il joindroit quelque jour à la bonté & à la douceur, qui étoient les feules vertus de fon pere, le courage & l'étendue de genie, que de-

mandoit le rang où il étoit né, &
plus encore le trifte état d'une fortune qui ne pouvoit être réparée
que par deux qualitez fi néceffaires.
Sa mere qui les poffedoit au-delà
des bornres ordinaires de fon fexe,
on voyoit avec plaifir les premieres
femences dans un enfant de cet âge,
& s'efforçoit de les cultiver par fes
exhortations & fes exemples. Mais
comme fi elle eût prévu à quoi il
étoit deftiné par la fatalité de fa
naiffance, elle ne lui infpiroit rien
avec tant de force & de foin que la
conftance dans les difgraces de la
fortune, & le mépris de la mort,
fous quelque face qu'elle pût fe
prefenter. Elle lui apprenoit tout à
la fois à ne rien négliger & à ne
rien craindre, pour fe remettre en
poffeffion d'une Couronne dont le
Ciel avoit fait fon partage en naif-
fant, & à fe confoler avec la même
fermeté fi la perte en devenoit irreparable. Elle devoit elle-même une
partie de fa conftance à la repeti-
tion qu'elle lui faifoit continuellement de ces grandes maximes; &
s'il y a quelque leçon éclatante à ti-

rer de son Histoire, c'est particulierement de cette merveilleuse vigueur
d'esprit qui la faisoit passer tout d'un
coup du dernier dégré d'abaissement
& de consternation où elle étoit reduite en apparence, aux plus nobles
resolutions & aux entreprises les plus
héroïques.

Elle ne sortit du deüil où elle s'é-
toit renfermée que pour tirer des
malheurs mêmes qu'elle venoit de
pleurer, une infinité de nouvelles
vûes, qu'elle joignit à celles dont
elle avoit eu le tems de s'occuper
depuis la déroute d'Exham. Premie-
rement, elle se persuada, contre
l'opinion du public dont elle avoit
été informée par l'Ecuyer, que la vie
de son mari n'étoit pas si-tôt menacée, puisqu'il étoit à la Tour de
Londres. S'il avoit du périr, elle
pensa que c'eût été par les bras de
quelque brutal ou de quelque per-
fide, qui eût esperé de plaire à
Edoüard; & malgré toute la fureur
qu'elle supposoit à ses Ennemis, elle
ne put s'imaginer qu'ils osassent tra-
duire en public & soumettre au fer
d'un Bourreau, un Roi qui avoit

reçu la Couronne par voye de fuc-
ceffion , & qui l'avoit portée envi-
ron quarante ans. Ce n'étoit pas un
crime d'être né fur le Trône , Henri n'en avoit jamais commis d'autre,
& s'il avoit eu le malheur de s'attirer le mépris de fes Sujets , on ne
lui reprochoit point d'avoir mérité
leur haine.

D'un autre côté , Edoüard commençoit à faire des mécontens dans
fa Cour. On parloit de quelque re-
froidiffement du Comte de Vvarwick
& de tous les Nevills. Quoique l'E-
cuyer du Senéchal n'eût rien dé-
mêlé dans un brut fi vague , il affuroit la Reine, que le Comte avoit
eu des explications fort vives avec
le Roi, & que leurs Amis communs
trembloient pour les fuites de ce
different. Elle partit plus tranquille
avec ces deux fondemens d'efperance , fur lefquels elle formoit déja
plufieurs deffeins qu'elle renfermoit
dans fon cœur. Mais elle comprit
que ce ne feroit jamais de l'Ecoffe ,
qu'elle feroit joüer les refforts par
lefquels il falloit commencer fon entreprife. La minorité du Roi Jacques

n'étoit pas prête à finir, & quoiqu'elle
n'eut point à se plaindre des Ministres, elle avoit remarqué qu'en lui
accordant une retraite & quelques
foibles secours , ils avoient moins
cherché à l'aider solidement qu'à
remplir un devoir d'honneur dont
ils n'avoient pu se dispenser. Berwick lui laissoit au fond du cœur
une playe qui n'étoit pas guerie , &
rien ne pouvoit lui faire regarder
comme des amis sinceres ceux qui
avoient été capables d'abuser de son
infortune pour lui arracher la seule
place qui lui restoit en Angleterre.

Elle passa neanmoins quelques
jours à Edimbourg , & soit que les
Ministres fussent ravis de hâter son
depart en le facilitant par toutes
sortes de services , soit que la voyant
determinée à partir , ils voulussent
conserver avec elle des apparences
de liaison & d'amitié , ils lui offri-
rent une somme considerable qu'elle
accepta sans se faire presser , & deux
Vaisseaux pour la transporter en
France avec une suite d'Anglois qui
se trouvoient dispersez en Ecosse depuis la Journée d'Exham. Quelques

Hiftoriens prétendent même que fon fils fut accordé avec la Princeffe Marguerite, fœur du Roi Jacques. Mais les deux partis étoient fi jeunes & l'avenir fi obfcur, que fi cette circonftance eft certaine, elle ne peut paffer que pour un dernier témoignage de la politeffe des Ecoffois.

Le vent fut fi peu favorable à la Reine, que dès le premier jour de fa navigation, elle effuya une affreufe tempéte, qui fepara fes deux Vaiffeaux, & qui lui fit voir le moment où elle alloit trouver dans le fond des flots la fin d'une vie fi malheureufe. Cependant le calme s'étant retabli, après douze heures d'agitation; elle fut forcée, par le defordre de fon Vaiffeau, de relâcher au Port de l'Eclufe. Elle y auroit trouvé de nouveaux fujets d'inquiétudes, fi le caractere de Philippe *le Bon* n'avoit été trop connu pour lui infpirer de la défiance. Il venoit d'accepter les propofitions d'Edouard pour le mariage de la fœur de ce Prince avec le Comte de Charolois fon fils. C'étoit rompre

jufqu'aux derniers nœuds de fon an-
cienne alliance avec la Maison de
Lancaftre, & s'engager ouvertement
dans les interêts de celle d'Yorcx.
Marguerite n'apprit cette nouvelle
qua près fon debarquement ; mais
quand le mauvais état de fon Vaiffeau
ne l'auroit pas retenue malgré elle à
l'Eclufe, elle auroit cru faire injure
au Duc de Bourgogne en le foup-
çonnant d'une lâche trahifon. Loin
de s'arrêter à cette penfée, elle lui
fit demander la permiffion de traver-
fer une partie de fes Etats, pour fe
rendre dans le Duché de Bar, qui
appartenoit au Duc de Calabre fon
frere. Il y a peu d'apparence que
les Ducs d'Excefter & de Sommerfet fuffent encore à la Cour du Duc
de Bourgogne, & qu'ils y euffent
joui long-tems des liberalitez de ce
Prince, après y avoir été reconnus
dans leur mifere, puifqu'on ne
trouve nulle part qu'ils ayent re-
joint la Reine à l'Eclufe ou dans fon
paffage en Flandres. Peut-être n'y
vinrent-ils même qu'après fon départ, & lorfqu'elle fe fut rendue auprès de Louis XI. à Chinon.

Philippe justifia , par toutes fortes de soins & de services, l'opinion qu'elle avoit eue de sa generosité. Il étoit à Hedin , son sejour
ordinaire , d'où il lui envoya non-
seulement une somme d'argent, dont
il lui fit dire galament qu'il la croyoit
moins pourvûe que de beauté & de
courage , mais encore un detachement considerable pour la garantir
des insultes de la Garnison de Calais , & pour la conduire jusqu'à
la Frontiere de ses Etats. Sans lui
expliquer les liaisons qu'il venoit de
former avec Edouard , il s'excusa
sur la necessité de ses affaires , qui
ne lui permettoit pas de faire davantage en sa faveur. Ce langage étoit
trop clair. Aussi n'y repondit-elle
que par des politesses , où l'Historien dit qu'elle sçut mêler admirable-
ment la grandeur de son caract-
tere & celle de son rang avec l'es-
pece de soumission qui convenoit à
sa reconnoissance. Mais en passant à
quelque distance de Calais , il lui
arriva un malheur auquel elle fut
d'autant plus sensible , que n'ayant
personne avec elle à qui elle eût tant

de confiance qu'au Senechal , elle perdit un fecours qui lui étoit plus neceffaire que jamais dans les embarras d'une longue route. Ce galant Chevalier fe laiffa emporter par la curiofité d'obferver les fortifications de Calais. S'étant approché trop près de cette Place , il fut enveloppé par un Parti d'Anglois qui le firent prifonnier , & qui le conduifirent au brave Vauclerc.

Cependant la Reine , plus heureufe dans le refte de fa route, arriva dans le Duché de Bar où elle fut reçue par fon frere avec plus de tendreffe que de magnificence. Il avoit été obligé de fournir des fommes confiderables au malheureux Roi René , à qui Louis XI. pour prix de tant de fervices qu'il avoit rendus à la France enlevoit le Maine & l'Anjou. Marguerite fe confola aifement de ne pas trouver dans fa famille des fecours fur lefquels elle avoit peu compté. Elle ne s'arrêta à Bar que pour fe remettre de fes fatigues par quelques jours de repos, & reprenant fa route au travers de la France, elle arriva à

Paris quelques jours après le depart du Roi , qui étoit allé à Chinon avec toute sa Cour. Avant que de se presenter à ce Prince , elle étoit bien aise de prendre des informations dans la Capitale sur les interêts presens du Royaume , & de sçavoir quelles facilitez elle devoit se promettre à obtenir du secours.

La Prison du Senechal n'avoit pas duré long-tems. Il se trouvoit à Paris lorsque Marguerite y arriva , & n'ayant point ignoré le plan de sa route , il l'attendoit dans cette Ville à son passage. S'il fut doux pour elle de retrouver un homme à qui elle avoit tant d'obligations , & de qui elle pouvoit encore esperer beaucoup de services , elle crut lui devoir bien plus d'affection & de reconnoissance lorsqu'elle eut appris ce qu'il venoit de faire pour ses interêts. Ayant été reçu avec beaucoup de distinction par Vauclerc, qui lui fit des excuses de l'erreur de ses gens, il avoit cru que les affaires mêmes de la Reine devoient lui faire passer quelques jours à Calais , & que dans l'occasion qu'il auroit d'en-

retenir les Anglois, il ne manque-
roit pas de se procurer des lumiéres dont elle sçauroit faire usage.
Il n'y avoit pas été long-tems sans
entendre parler des differends du
Roi & du Comte de Vvarwick. Cette querelle étoit devenue si vive,
qu'elle commençoit à effrayer tous
les Partisans de la Maison d'Yorck.
On n'ignoroit point ce que cette
Maison devoit au Comte. Comme
il avoit mis la Couronne sur la tête
d'Edouard, on étoit persuadé que
son bras étoit encore necessaire pour
l'affermir, & personne ne compre-
noit qu'un Roi dont la fortune étoit
son ouvrage, fut capable de le traiter avec si peu de ménagement. Cependant il n'avoit pas craint de le
blesser par les endroits les plus sensi-
bles, & les mesures que le Comte
gardoit encore dans son ressentiment
passoient aux yeux de tout le monde pour un rare effet de sa mode
ration.

Si l'on se souvient des sentimens
qu'il avoit conçûs pour Elizabeth
Vvodwille, on doit se rappeller
aussi que le Roi n'avoit pu voir cette

belle Veuve ſans être touché de ſes charmes. Edouard étoit l'homme le mieux fait de ſon tems. Les exerci-ces de la Guerre, dans leſquels il avoit été élevé depuis ſon enfance, ne l'avoient pas empêché de ſe jet-ter dans la galanterie; & par le ri-dicule de tous les Grands qui n'ont pas reçu de la nature antant d'eſprit que de qualitez exterieures, il s'ima-ginoit que ſa bonne mine lui don-noit des droits invincibles ſur le cœur de toutes les femmes. Avec cette preſomption, qui lui faiſoit dédaigner tous ſes Rivaux, il avoit regardé le cœur d'Eliſabeth Vvood-wille comme une conquête aiſée, & s'il n'avoit pu croire qu'avec tant de merite elle n'eut pas fait naître à quelqu'un les mêmes deſirs, il s'é-toit cru ſi ſuperieur à toutes ſortes de concurrences, qu'il ne s'étoit pas informé s'il en avoit à redou-ter.

Cependant, lorſqu'après lui avoir rendu bien des ſoins inutiles il eut appris que c'étoit le Comte de Vvar-wick qu'il avoit à combattre dans le cœur de ſa Maîtreſſe, il ſentit que par

mille

mille raifons c'étoit l'homme du monde qu'il devoit fouhaiter le moins pour
Rival. Si l'on en croit les Ecrivains de
fa vie, il s'efforça de vaincre fa paffion,
par un facrifice qui bleffoit d'autant
moins fa vanité qu'il croyoit le faire uniquement à la reconnoiffance.
Mais il connoiffoit mal fes propres
forces. Elizabeth avoit fait fur lui
des impreffions fi profondes , qu'il
revint à elle avec de nouveaux em-
preffemens. Le Comte , qui les auroit peut-ètre fupportez avec moins
d'impatience , s'il eût été lui-même
plus favorifé par l'amour, ne peut
pardonner au Roi de difputer le cœur
d'une femme à celui qui n'avoit pas
épargné fon fang pour lui affurer
une Couronne. Il étoit marié , ce
qui le difpofoit encore plus à fe
tourmenter par de noirs chagrins.
Il fit des plaintes fi ameres à la
Nation , qu'elles ne purent être
long-tems cachées à Edoüard. Cette premiere femence de divifion produifit des effets furprenans à Londres & dans toute l'Angleterre, par
la haute opinion qu'on y avoit des
fervices du Comte & de la recon-

noiſſance qu'il avoit droit d'attendre
de ſon Maître.

Leurs amis communs réüſſirent
neanmoins à les reconcilier, & ce fut
le Roi qui fit tous les frais de cette
réconciliation par un nouveau ſacrifice de ſes ſentimens. Mais il crut
avoir acheté aſſez cher le droit de
ſe ſatisfaire d'un autre côté avec
moins de menagement. Le Comte
avoit deux filles extrèmement aima-
bles, dont la plus jeune avoit vêcu
juſqu'alors dans la retraite , & de-
meuroit encore dans une de ſes Terres , où le tumulte de la Guerre l'avoit
retenuë depuis ſon enfance. Soit
qu'Edoüard eût pris de l'amour pour
elle dans quelque lieu où le hazard
avoit pû les faire rencontrer , ſoit que
le ſeul deſſein de faire payer au Comte un ſacrifice forcé l'animât à le punir par une vengeance de la même
nature , il s'attacha ſecretement à gagner le cœur de ſa fille. Quoique
tous les Hiſtoriens ayent parlé de
cette intrigue , il ne s'en trouve pas
un qui en rapporte les circonſtances. Mais ſans qu'on puiſſe ſçavoir
juſqu'où le Roi pouſſa ſes avanta-

ges , on fçait qu'il fut furpris pendant la nuit dans le Château du
Comte , au moment qu'il en fortoit
deguifé fous l'habit d'un Payfan.
N'ayant pû s'échapper qu'en faifant
connoître fon nom , cette avanture
ne demeura point inconnuë au Comte. Il la regarda , lui & la plûpart
de fes amis , comme le plus fanglant outrage qu'Edoüard eût pû
faire à fon bienfaiĉteur , & dès ce
moment il fe difpenfa de paroître à
la Cour.

C'étoit cette querelle qui faifoit
l'entretien de tous les Anglois ,
lorfque le Senêchal avoit été conduit à Calais. Il fe garda bien de
negliger une ouverture fi importante , fur-tout après avoir fondé
les difpofitions de Vauclerc , qui
étoit trop attaché au Comte de Vvarwick pour ne fe pas croire bleffé
dans fon injure , & qui n'étoit pas
même capable de parler de fon reffentiment avec moderation. S'étant
ouvert fans défiance à un François, il
dit ouvertement au *Senêchal* " qu'E-
„ doüard ne meritoit pas un fervi-
„ teur tel que le Comte , & qu'a-

„ près en avoir reçu tant de bien-
„ faits, le deshonorer dans la per-
„ fonne de fa fille étoit un indig-
„ ne falaire. „ En l'échauffant par
des reflexions adroites ; le Senêchal
le mena beaucoup plus loin. Il lui
fit goûter divers projets de vengeance qu'il lui confeilla de propofer au Comte , tels que celui de fe
retirer à Calais, où rien ne lui étoit
fi aifé que de fe rendre indepen-
dant ; & tombant fans affectation fur
la Maifon de Lancaftre , il demanda
„ quelle raifon après tout, le Comte
„ & fon pere avoient euë de s'attacher
„ exclufivement à celle d'Yorck , fi ce
„ n'étoit l'honneur de relever un Parti
„ qui avoit befoin de deux fi braves
„ Défenfeurs , & l'utilité qu'ils pou-
„ voient attendre de leurs travaux pour
„ leur fortune & pour leur gloire ?
„ Quel interêt les Nevills avoient-
„ ils à foutenir leur ouvrage , lorfque
„ l'ingratitude du Roi leur raviffoit
„ les feuls fruits qu'ils en avoient dû
„ recuëillir ? S'ils étoient fenfibles au
„ contraire à l'injure & au mepris,
„ ils avoient une voye toujours ouver-
„ te pour fatisfaire leur jufte reffenti-

„ ment, avec la certitude d'y trouver
„ au double tous les avantages qu'E-
„ doüard ne rougiſſoit pas de leur en-
„ lever. Henri de Lancaſtre étoit Pri-
„ ſonnier à la Tour ; mais n'avoit-il
„ pas un fils , dont l'enfance annon-
„ çoit deja toutes les vertus des plus
„ grands Princes , & qu'il étoit d'au-
„ tant plus avantageux de ſervir , qu'à
„ l'âge où il étoit encore , c'étoit
„ s'aſſurer long-tems le pouvoir ab-
„ ſolu que de l'en revêtir ? Margue-
„ rite n'exiſtoit-elle pas toujours , cet-
„ te Heroïne dont l'adverſité ne pou-
„ voit abattre le courage , cette Reine
„ qui avoit ſoutenu ſi dignement la
„ Majeſté du Trône , cette bonne &
„ genereuſe Maitreſſe qui avoit aimé
„ ſi conſtamment ſes Miniſtres & ſes
„ favoris ; & n'étoit-il pas ſurprenant
„ qu'un homme du merite du Comte,
„ eût refuſé ſon attachement à la plus
„ grande Reine dont l'Angleterre peut
„ ſe vanter , pour le donner à un Roi
„ qui n'avoit rien de recommandable
„ que ſa figure ? Mais il étoit tems en-
„ core de revenir de cet aveuglement.
„ C'étoit au Comte de Vvarwick à
„ retablir les Trônes après les avoir

„ abbatus. L'honneur, l'interêt, la
„ vengeance, tout lui en faisoit une
„ loi, & l'Europe entiere qui avoit
„ deploré la ruine de la Maison de
„ Lancastre, applaudiroit au Heros
„ qui entreprendroit de la reparer. „

Vauclerc deja disposé à tout ce
qui pouvoit tirer le Comte de son
humiliation, se sentit tellement animé par ce discours, qu'il promit au
Senêchal d'en faire valoir jusqu'aux
moindres termes. Apprenant même
que la Reine avoit repassé la Mer,
& qu'elle devoit se rendre incessa-
ment à Paris, il ne desespera pas
d'engager le Comte à lui depêcher
quelque personne de confiance, pour
lui offrir ses services, & recevoir ses
propositions. Il partit pour Londres
dans le même-tems qu'il laissoit au
Senêchal la liberté de se rendre à Paris,
& ils convinrent ensemble d'une voye
sûre pour l'établissement de leur cor-
respondance.

Des motifs si pressans ayant fait
retarder son depart à la Reine, elle
fut agréablement surprise de se voir
amener un jour par le Senêchal, Mylady Nevill, qui venoit de Londres

avec les inftructions fecretes de fon
frere. S'étant laiffé perfuader par
les confeils de Vauclerc, il n'avoit
trouvé perfonne à qui il crût pouvoit accorder plus de confiance qu'à
une fœur exercée aux intrigues de
la Cour, & liée anciennement avec
la Reine. Mylady Nevill n'avoit pas
changé de caractere. Toujours tendre, toujours faite pour être la dup-
pe ou la victime de l'amour, elle
ne laiffoit pas de joindre à mille
charmes que l'âge n'avoit point encore alterez, toute la fineffe & la fo-
lidité d'efprit qui élevent une femme
me au-deffus de fon fexe, & qui la
rendent propre aux plus grandes
affaires. Mais toute fon experience
ne l'avoit pas garantie d'un nouvel
engagement, & par la fatalité ordinaire de fon fort, elle fe trouvoit
liée d'inclination avec un homme
marié, & du caractere le moins propre à lui faire trouver le bonheur
qu'elle cherchoit dans un commerce de cette nature. Edoüard, après
avoir pris la refolution d'expofer
toute fa fortune au hazard d'une
Bataille à la fanglante journée de

Tawton , avoit fait partir pour la
Hollande ſes deux freres , *Georges*
& *Richard* , dans la ſeule vûë de
mettre une partie de ſon ſang à couvert des caprices du ſort. Ces deux
Princes étoient revenus après le
triomphe de leur frere , & partageant auſſi-tôt les fruits de ſa victoire , ils avoient été créez Ducs
ſous les deux plus beaux Titres
d'Angleterre. Georges , qui étoit
l'aîné , avoit eu le choix. Il étoit
prêt à ſe déterminer pour le titre de
*Gloceſter* , & à laiſſer celui de *Cla-*
*rence* à ſon cadet , lorſque Mylady
Nevill , qui avoit deſa conçu quelque inclination pour lui , ſe hâta de
lui repreſenter qu'il n'y avoit point
de nom ſi malheureux dans l'Hiſtoire de la Nation. Hugues *Spen-*
*cer*, Thomas *Vvoodſtock* , & preſque
tous ceux qui l'avoient porté ,
avoient eu le malheur de perir par
la main d'un Bourreau. Henri *Plan-*
*tagenet* , ſon Amant , avoit été poi-
gnardé à la Tour de Londres Enfin ,
quelque badine qu'on puiſſe trouver cette obſervation , la ſuite des
évenemens fera voir encore que le
même

même nom devint funeste à Richard, qui l'accepta sur le refus de son frere.

Georges choisit par cette raison le titre de Clarence, qui ne lui fut pas plus heureux. mais en recevant le conseil de Mylady Nevill, il crut voir dans ce soin officieux un panchant si declaré pour lui, qu'il ne put se défendre de lui offrir son cœur. Ses offres furent acceptées. Edouard, qui avoit d'autres vûës sur son frere, l'obligea d'épouser une des filles du Comte de Vvarwick, niece par conséquent de Mylady Nevill, qui se trouva ainsi forcée de faire violence à son inclination. Cependant le Duc de Clarence, après avoir eu la foiblesse de ceder aux volontez du Roi, se sentit rappellé auprès d'elle par ses premiers sentimens ; & le nœuds d'une alliance si étroite ne les empêcha point de se revoir avec la même familiarité & le même goût. Cette intrigue étant dans sa plus grande chaleur, lorsqu'Edouard, avoit commencé ouvertement à chagriner le Comte de Vvarwick, il ne fut pas libre au Duc de Cla-

rence de prendre parti pour le Roi
contre le pere de fa femme, & le
frere de fa Maîtreffe.

Mylady Nevill commença, avec
la Reine, par tous ces aveux. Elle
lui fit l'Hiftoire de tout ce qui s'é-
toit paffé à la Cour de Londres depuis la revolution. Edouard n'a-
voit pas irrité feulement le Comte
de Vvarwick. Soit que fon penchant
aux plaifirs de l'amour le portât
fans diftinction à tout ce qui étoit
capable de flatter un goût fi general, foit que le chagrin de ne pouvoir fe livrer à fon inclination pour
Elizabeth Vvoodwille, lui fit chercher à fe guerir de cette paffion
par la multitude de fes intrigues,
il s'étoit fait des Ennemis irrecon-
ciliables d'un grand nombre de Ma-
ris, dont il avoit feduit les Femmes, & d'une infinité de familles
où il avoit porté le defordre. La
promeffe même qu'il avoit faite au
Comte de fe priver de voir Elizabeth, n'étoit obfervée qu'en apparence. On fçavoit qu'il avoit fait fe-
cretement le voyage de Northampton, où cette belle veuve s'étoit

retirée ; & le Comte qui en étoit toujours paſſionement amoureux ſans la voir repondre à ſes ſentimens, ſoupçonnoit un Rival ſi dangereux d'être mieux avec elle qu'il ne feignoit de l'être aux yeux du Public. Ainſi au reſſentiment d'avoir été outragé dans la perſonne de ſa fille, il joignoit encore celui de ſe croire joué par de fauſſes apparences, ſans compter toutes les noires idées qui font une paſſion ſi furieuſe de la jalouſie.

La vérité étoit que dans le choix d'un Amant, Elizabeth auroit préferé le Comte. Elle avoit pour lui des ſentimens qui s'étoient aſſez declarez dans le peril dont elle l'avoit ſauvé avec le ſecours de ſa ſœur, & la complaiſance avec laquelle elle recevoit ſes ſoins, devoit lui perſuader qu'elle regretoit de ſe voir arrêtée par des raiſons qu'elle ne pouvoit vaincre. Mais il étoit marié. Quelle apparence qu'une Veuve de ſon âge allât lui ſacrifier, non ſeulement ſon honneur, mais encore toutes les eſperances de fortune qu'elle pouvoit fonder naturelle-

ment sur sa jeunesse & sur sa beauté! Si elle ne se flattoit pas encore
que le Roi pensât à l'élever sur le
Trône, peut-être lui avoit-elle deja
connu assez de foiblesse pour esperer de le mener bien loin avec
un peu d'art & de ménagement.
L'inconstance même qui lui faisoit
chercher continuellement de nouveaux plaisirs jusques dans les familles bourgeoises de Londres, ne
la refroidissoit pas pour les soins
qu'il lui rendoit secretement. Outre qu'il faisoit valoir lui-même sa
legereté, comme le desespoir d'un
cœur qui travaille à se soulager de
ses peines, elle en concluoit qu'un
Prince, à qui l'amour faisoit commettre tant d'indecences, pourroit
bien oublier quelque jour la distance qu'il y avoit entr'elle & lui, &
passer sur toutes sortes de difficultez
pour se satisfaire lorsqu'elle l'auroit
enflammé jusqu'à se rendre necessaire
à son bonheur.

Ainsi se partageant entre son goût
& son ambition, Elizabeth recevoit
successivement le Roi & le Comte :
avec cette difference qu'affectant de

ne voir dans le Comte qu'un Ami
dont l'estime lui étoit précieuse,
elle lui ouvroit sa Maison sans aucun air de mistere ; au lieu que
n'ayant aucun pretexte pour recevoir le Roi avec la même liberté,
elle étoit obligée de menager les
momens, & de consentir même à le
voir quelquefois dans des tems & dans
des lieux qui auroient rendu sa com-
plaisance suspecte, si elle n'avoit toujours pris soin d'y joindre des pré-
cautions qui étoient capables de mettre son honneur à couvert.

Ce double commerce l'exposa
un jour à tout ce qu'elle en pouvoit craindre de plus desagreable ;
mais son bonheur voulut ensuite
que ce qui lui avoit causé une mortelle frayeur, devint le plus solide
fondement de ses e perances. Le
Roi souhaitant qu'elle fût moins
éloignée de Londres, & qu'elle eût
quelque pretexte pour ne pas demeurer habituellement dans la Province de Northampton , où elle
avoit sa famille & son bien, lui me-
nagea secretement un heritage, auquel on pretend qu'elle n'avoit au-

cun droit, mais qui lui fut laiſſé à
titre de reſtitution par le Chevalier Sanders, qui ſe reconnut obligé en mourant de reparer par cette
donation, des torts inconnus qu'il
lui avoit faits dans le cours des guerres civiles. Il y a beaucoup d'apparence qu'Edouard en avoit payé
fort avantageuſement la valeur aux
Heritiers de Sanders. Mais affeⓒtant
de louer une diſpoſition ſi juſte, il
la revêtit de toutes les formalitez
qui pouvoient la rendre irrevoca-
ble. Elle conſiſtoit dans une Terre
voiſine de la Capitale, dont Elizabeth ne manqua point de venir prendre poſſeſſion. Le Roi s'y trouvoit
un jour aſſez tard, lorſque le Comte de Vvarwick y arriva ſans être
a tendu. Quoiqu'Elizabeth eut reçu ce Prince avec les meſures dont
elle ne ſe relâcho t jamais, c'eſt-
à-dire, dans la preſence de ſa mere
& de quelques autres perſonnes dont
le caraⓒtere écartoit les ſoupçons,
l'air de familiarité & de ſecret avec
lequel Edouard y étoit venu, les
promeſſes par leſquelles il s'étoit engagé au Comte, & l'outrage récent

qu'il lui avoit fait à l'occafion de
fa fille, firent craindre à toute l'affemblée que cette rencontre ne produifit quelque fcene éclatante. Le
Comte étoit dans l'ufage d'entrer
librement. S'il paroiffoit impoffible
de lui refufer avec bienfeance des
civilitez dont on ne pouvoit fe dif-
penfer fous aucun pretexte, il étoit
encore plus difficile de propofer au
Roi de fe retirer fans être apperçu.
Enfin ce dernier parti étant neanmoins le plus fûr, Elizabeth fit entendre elle-même à ce Prince que
pour éviter de fe commettre avec
un homme auffi fier que le Comte,
il étoit à propos qu'il daignât fe dérober par une porte fecrete, & reprendre furtivement le chemin de Londres. Cette propofition jetta Edouard
dans une agitation furieufe. Après
avoir deliberé quelques momens, il
fe plaignit de la neceffité où il étoit,
pour l'honneur d'Elizabeth, de ceder à un Sujet prefomptueux, qui
fembloit le braver continuellement.
Et donnant enfuite un autre tour à
fes plaintes ; quelles font donc fes
pretentions, dit-il à Elizabeth ? Il

eft marié , & je ne le fuis pas. Ce
reffentiment ne l'empêcha point de
fe retirer , & le Comte de Vvarwick qu'on avoit trouvé le moyen
de retarder un moment , n'apperçut
rien qui bleffât fes yeux.

Elizabeth raifonnant fur les der-
nieres expreffions du Roi , y trouva
plus que jamais de quoi nourrir fes
flatteufes pretentions. Elle en devint
beaucoup plus refervée pour le Comte , quoi que dans la vûë de fe delivrer
d'un obftacle qu'il fe voyoit oppo-
fer fouvent ; il eût pris occafion
de l'avanture de fa fille pour faire
paffer fa femme & fes enfans à Calais. C'étoit dans le même tems que
Vauclerc arrivoit à Londres. Il étoit
fi difpofé par fes noires agitations à
recevoir tous les confeils qui pouvoient fervir à le venger , qu'il ne
refifta point à ceux d'un ami fi fidéle. Ils concerterent enfemble les
moyens de commencer une fi grande entreprife. Ne pouvant douter
qu'ils ne fuffent obfervez en Angleterre , ils conçurent que le principe
du mouvement devoit être au dehors , & ce fut par leurs delibera-

tions communes que Mylady Nevill
fut chargée de paſſer en France pour
faire l'ouverture de leurs ſentimens à
la Reine.

Outre les amis du Comte & les
ſecours qu'un homme ſi eſtimé dans
toute l'Angleterre pouvoit eſperer
de ceux qui le regardoient comme
le Heros de leur Nation, il y avoit
dans l'Etat deux ſortes de Mecontens, dont il ne ſe croyoit pas
moins aſſuré. Les uns parens ou
amis d'une infinité de victimes qu'E-
douard avoit ſacrifiées à l'établiſſement de ſon autorité, & qui s'é-
toient accoutumez à le regarder
comme un uſurpateur & un Tiran.
Dans ce nombre étoient compris
tous les anciens Partiſans de la Maiſon de Lancaſtre; gens obſervez
de trop près & trop effrayez par la
rigueur avec laquelle on les avoit
traitez, pour lever la tête au hazard;
mais toujours prêts à courir ardem-
ment au premier ſigne qui ſeroit
capable de ranimer leur confiance.
Les autres étoient ceux qui ſe plai-
gnoient au contraire de n'avoir pas
vû leurs ſervices aſſez recompenſez

par la Maison d'Yorex, & qui se
repentoient d'avoir prodigué leurs
biens & leur sang pour en recueillir
si peu de fruit. Edouard avoit crû
sa reconnoissance assez marquée à la
Nation par quelques bienfaits repan-
dus entre les Grands. En creant quelques Ducs & quelques Comtes, il
avoit negligé les Officiers Subal-
ternes, & tous les autres Ordres de
l'Etat, qui l'avoient servi avec beaucoup de desintereslement & de zèle.
On avoit excusé cette froideur aussi
long-tems qu'on l'avoit crû forcé
d'employer ses revenus aux besoins
d'un nouveau regne ; mais lorsqu'on
l'avoit vû tourner toutes ses depen-
ses du côté du plaisir, & prodiguer
jusqu'à vingt mille écus, qui étoient
alors une somme fort considerable,
pour se procurer les faveurs d'une
Bourgeoise de Londres, on s'étoit
emporté aux plaintes & aux mur-
mures.

Mais les instructions de Mylady
Nevill ne se reduisoient pas à offrir
les services de son frere à la Reine,
& à lui exposer sur quelles esperances il vouloit entreprendre de lui de-

venir utile. Elle étoit chargée d'apprendre de la Reine furquoi le Comte pouvoit compter du côté de la France & des autres Etats dont elle penſoit fans doute à folliciter le ſecours. Il lui demandoit un Corps d'aumoins quatre mille hommes, avec leſquels il ſouhaitoit qu'elle vint deſcendre, non dans les Provinces du Nord, où la guerre ne pouvoit manquer de traîner en longueur, mais dans la partie Meridionale d'Angleterre, ou dans la Province de Kent. Il vouloit qu'au moment de fa deſcente le Prince ſon fils fût proclamé Roi, & que ſans donner à Edouard le tems de ſe reconnoître, elle avançât à grandes journées vers Londres, tandis qu'avec ſes amis & les Troupes qu'il pourroit recueillir, il iroit au - devant d'elle pour l'introduire auſſi - tôt dans la Capitale. Ce deſſein, qui parut d'abord temeraire à la Reine, prit pour elle une apparence bien differente, lorſque Mylady Nevill, qui s'étoit fait un plaiſir de la ſurprendre, lui montra un engagement figné du Marquis de Montaigu, frere du Comte,

& de Burchier Archevêque de Cantorbery, l'un General des Troupes
d'Edouard, l'autre Primat d'Angleterre & Chef du Conseil, par lequel
ces deux Seigneurs épousoient les interêts de Henri de Lancaftre, en se
reprochant d'avoir abandonné leur
devoir pour servir un Prince ingrat.
Il parut clair tout d'un coup à la
Reine qu'elle avoit peu d'obftacles à
craindre avec les arbitres du pouvoir
civil & militaire. Sa surprise augmenta encore, lorfqu'elle vit un troi-
fiéme engagement du Duc de Clarence, qui tout frere qu'il étoit d'Edouard,
paroiffoit auffi animé que les autres
à fa ruine.

Elle fçavoit déja, par l'aveu de
Mylady Nevill, que le Duc étoit
fon Amant, & qu'étant d'ailleurs
attaché au Comte de Vvarwick par
fon mariage avec fa fille, il étoit
naturel qu'il prît quelque part au
reffentiment des Nevills. Elle com-
prenoit de même que le Marquis de
Montaigu devoit être fenfible à la
difgrace de fon frere, & l'Archevéque, qui étoit leur proche parent,
avoit pû s'affliger auffi de voir ou-

blier si-tôt leurs services. Mais quelque experience qu'elle eût faite pendant toute sa vie de l'inconstance
des Anglois, elle eut tant de peine
à concevoir une revolution de sentimens qui alloit jusqu'à faire violer
à l'un les droits du sang, à l'autre ses
engagemens d'honneur, & au Prelat
la fidelité qu'il avoit jurée le premier
au feu Duc d'Yorck & à ses Descen-
dans, que s'en rapportant à peine
au témoignage de ses propres yeux,
elle pressa Mylady Nevill de lui faire
mieux comprendre une si étrange al-
teration.

La cause en étoit si simple, que
ce fut un autre sujet d'étonnement
pour la Reine. Burchier avoit attendu de la reconnoissance d'Edouard
ses sollicitations à la Cour de Rome, pour lui faire obtenir la digni-
té de Cardinal. Il n'avoit pas fait
difficulté de l'avertir que cette faveur étoit differée trop long-tems.
Edouard s'étoit d'abord excusé sur
le peu de consideration où il se
croyoit encore à Rome. Il avoit
écrit au Pape Pie II. pour lui communiquer son avenement à la Cou-

ronne, & ce Pontife l'en avoit feli-
cité par un Bref ; mais les termes
en étoient tellement menagez, que
fon approbation n'étant fondée que
fur les preuves qu'Edouard lui avoit
lui-même données de fon droit, il
paroiffoit fe referver la liberté de fe
retraîter dans d'autres conjonîtures.
Cette polirique avoit d'autant plus
choqué le Roi, qu'en ayant fait des
plaintes fort vives, on y avoit paru
infenfible. Mais Burchier infiftant fur
ce que le Pape ne l'en avoit pas moins
reconnu, & fur la bonne intelligen-
ce où il continuoit de vivre avec
l'Angleterre, le Roi fatigué de fes
inftances, lui avoit repondu plaifa-
ment, que de deux vices favoris
qu'il lui connoiffoit, l'incontinence
& l'ambition, il lui laiffoit la liberté de raffafier fi pleinement le premier, qu'il en eut moins d'impatience pour fatisfaire l'autre. L'Archevêque étoit fier. Le ridicule qu'il avoit
crû attaché à cette plaifanterie lui avoit
mis dans le cœur des mouvemens de
haine qu'il brûloit de faire éclater.

L'infidelité de Montaigu paroiffoit plus facile à comprendre, &

la Reine n'en auroit pas foupçon-
né d'autre caufe que fon amitié pour
fon frere, & le reffentiment de l'af-
front qu'Edouard avoit fait à leur
famille. Cependant il avoit paru,
par la refiftance qu'il avoit appor-
tée d'abord aux follicitations du
Comte, que ces deux raifons n'auroient pas fuffi pour l'ébranler dans
fon devoir, s'il n'y avoit joint le
chagrin de fe voir enlever une ri-
che heritiere qu'il aimoit, & que
le Roi qui commençoit à fe defier
des Nevills, fit époufer au Lord
Scales.

A l'égard du Duc de Clarence,
Mylady Nevill ne put apporter
d'autres raifons que les liens étroits
qu'il avoit avec elle & toute fa famille ; à moins que de compter pour
quelque chofe la mortification qu'il
avoit effuyée avant fon mariage, par
le refus qu'Edouard avoit fait de
lui laiffer époufer la même heritiere, qu'il avoit ôtée enfuite à
Montaigu pour la donner à fon Rival. La divifion n'eft pas rare entre
les Freres. Le Duc d'Excefter en
étoit un autre exemple, lui qui

ayant épousé anciennement la sœur
d'Edouard n'en avoit pas eu moins de
constance dans son attachement pour
la Reine Marguerite, & vivoit même
separé de sa femme, qui n'avoit pas
voulu quitter l'Angleterre pour le
suivre. Mais l'événement fit connoître que le Duc de Clarence nour-
rissoit secretement des vûës plus
profondes, dont toutes les raisons
qu'on lui supposoit n'étoient que le
pretexte. Il étoit l'Heritier pre-
somptif de la Couronne. Il voyoit
son frere haï d'une partie des Grands
& de ceux qui l'avoient le mieux
servi. Sans faire éclater encore ses
esperances, il se flattoit qu'en laissant échauffer la querelle, il seroit
peut-être assez heureux pour en recueillir les fruits. S'il est étonnant
qu'il n'eût pas fait cette confidence
au Comte de Vvarwick & à sa sœur,
c'est apparemment qu'il se croyoit
sûr de les faire entrer tôt ou tard
dans ses desseins, & que dans la necessité où ils étoient d'employer le
secours & le nom de la Maison de
Lancastre, il ne vouloit pas les exposer tout d'un coup au remord
d'une

d'une double trahifon ; à moins qu'on ne veuille fuppofer qu'elle étoit deja commune entr'eux, & qu'ils agiffoient de concert. Quoiqu'il en foit, autant qu'il étoit important pour la Reine de fçavoir quel fond elle avoit à faire fur les motifs de ceux qui s'offroient à la fervir , autant deviendra-t-il agreable au Lecteur d'avoir connu les premiers refforts des grands évenemens qui fe preparent, & d'admirer combien les plus étranges revolutions font quelquefois legeres & faciles à prevenir dans leur fource.

Il refta fi peu de defiance à Marguerite après cette explication, que s'ouvrant avec la même franchife, elle ne fit pas difficulté de confeffer à Mylady Nevill que fes propres deffeins n'étoient encore fondez que fur de fimples efperances. Elles étoient même diminuées, depuis. fon arrivée d'Ecoffe, par mille contretems qui lui faifoient craindre plus d'obftacles qu'elle n'en avoit prevû à fe procurer des fecours qu'elle avoit crû prefqu'infaillibles

*II. Partie.*        N

Sans compter le refus qu'elle avoit
deja essuyé du Duc de Bourgogne,
& celui même du Duc de Calabre,
qui ne lui avoit pas fait mieux esperer du Roi de Sicile son pere, elle
apprenoit à Paris qu'il ne lui restoit
pas beaucoup plus de ressource du
côté de la France & de celui du
Duc de Bretagne, quoiqu'elle eût
également compté sur ces deux
Puissances. Louis XI. ayant formé
le projet de rendre son autorité
absolue dans toute l'étendue de ses
Etats, pensoit à diminuer le pouvoir excessif des Grands. Les Ducs
de Bourgogne & de Bretagne étoient
les plus redoutables, autant par l'habitude qu'ils avoient formée de l'in-
dependance, que par la grandeur
de leur Domaine, & la multitude
de leurs Sujets. Les attaquer tous
deux à la fois étoit une entreprise
qui surpassoit ses forces, mais il s'é-
toit flatté de les ruiner successivement, & le Duc de Bretagne fut
le premier contre lequel il resolut
de tourner ses armes. Il en avoit
un pretexte dans le refus qu'Arthus III. avoit fait de prêter l'Hom-

mage-lige au Roi Charles V I I.
François II. fucceffeur d'Arthus l'a-
voit refufé de même , & le Roi
trop foible alors pour exiger une
foumiffion que les Ducs de Bretagne conteftoient depuis long-tems,
n'avoit pû fuivre l'exemple de Charles V. qui fur quelques demêlez de
la même nature, avoit fait confifquer
& reünir le Duché de Bretagne a
la Couronne , par Arrêt de la Cour
des Pairs. Louis X I. refolu d'entreprendre ce qui n'avoit pû être
executé par fon predeceffeur , avoit
deja fait filer quelques Troupes
dans l'Anjou ; & Morvilliers fon
Chancelier avoit defendu de fa part
au Duc de Bretagne de s'attribuer
le droit de fouveraineté dans fes
Etats. A la verité le Duc, qui s'é-
toit trouvé furpris , avoit eu recours
à la rufe. Il avoit demandé un de-
lai de trois mois , pour confulter
fes Sujets. Mais s'étant fervi de ce
tems pour cabaler en France parmi les Grands, il avoit formé contre Louis une Ligue formidable,
fous le nom de *Ligue du Bien Pu-*
*blic.*

Cette nouvelle commençoit à se
repandre , lorsque la Reine étoit
arrivée à Paris. En decouvrant les
craintes à Mylady. Nevill ; elle ne
lui promit pas moins de tout entreprendre pour obtenir l'affiſtance de
Louis. Si elle n'en obtenoit pas un
Corps de Troupes reglées , elle ne
doutoit pas du moins qu'il ne lui ac-
cordât la permiſſion qu'elle avoit
deja eue , d'engager des Volontaires
à ſon ſervice. Le Senechal , qui fut appellé à la fin de cet entretien , offrit
tout ſon credit & toutes ſes richeſ-
ſes. Enfin , ne demandant à la ſœur
du Comte de Vvarwick que le tems
de ſe rendre à la Cour , Marguerite
la pria d'attendre ſon retour , & de
faire ſçavoir à ſon frere la reconnoiſſance qu'elle lui avoit trouvée
pour ſes, offres. Elle partit pour
Chinon , où Louis étoit avec toute
ſa Cour. Ses demandes & la maniere de les faire étoient meditées.
Comme Mylady Nevill n'avoit pas
exigé que les propoſitions de ſon
frere fuſſent cachées au Roi , elle ſe
promit que malgré tous les projets
que ce Prince meditoit lui-même, il

ne laifleroit pas échapper une fi belle
occafion de porter le trouble en Angleterre. L'alliance d'Edouard & du
Duc de Bourgogne avoit commencé à lui donner de l'ombrage.
Il fçavoit même que le Duc de Bretagne avoit cherché à fe menager un
appui du côté des Anglois. Dans les
principes de fa politique, la ruine ou
l'abaiffement d'un Ennemi étoit pour
lui un accroiffement de grandeur &
de puiffance.

Des idées fi flatteufes occuperent
agreablement la Reine jufqu'à Chinon. Mais avant qu'elle eût pu fe
prefenter au Roi, Mylady Nevill, arrivée auffi-tôt qu'elle, lui fit demander avec tant d'impatience à lui parler, qu'elle rompit tout autre engagement pour la recevoir. Cette Dame
venoit non-feulement lui temoigner
une honte extrême, d'avoir été em-
ployée par fon frere à des ouvertures dont les fruits s'évanouiffoient
tout d'un coup, mais lui confeiller
à elle-même de ne pas les hazarder
au Roi, fi elle ne vouloit avoir la
confufion de les voir defavouées. En
un mot, Vauclerc, depêché par le

Comte de Vvarwick, étoit arrivé
à Paris presqu'au même instant que
la Reine en sortoit , avec ordre
d'impofer filence à Mylady Nevill,
fi elle ne l'avoit point encore rom-
pu, ou de lui faire retracter toutes
fes propofitions , fi elle les avoit
faites à la Reine.

Une inconftance fi extraordinaire
ayant rempli cette Princeffe de co-
lere & d'indignation , la fœur du
Comte qui fe crût intereffée à fe
juftifier, dans un lieu où elle ne fe
croyoit pas à couvert de fon reffentiment, lui raconta par quel nouveau
caprice d'Edouard tous les projets
des Seigneurs Mecontens avoient
été renverfez. On n'a pas fçu s'il
s'étoit defié de quelque trame fecrete ; mais fe rendant aux avis de
fon Confeil qui le preffoit de fe ma-
rier , & n'ofant s'expliquer fur le feul
mariage qu'il defiroit au fond du
cœur , il avoit confenti à faire demander au Roi Louis XI. la Princeffe *Bonne* de Savoye , qui étoit
élevée à la Cour de France auprès
de la Reine Charlotte fa fœur. Il
avoit propofé au Comte de Vvar-

wick de se charger de cette negociation, & dans la resolution feinte ou sincere d'oublier Elizabeth
Vvoodville, il avoit dit au Comte
cent choses obligeantes sur l'esperance qu'il avoit de racheter son amitié
par ce sacrifice. C'étoit effectivement
le droit le plus inviolable qu'il pût
acquerir sur un homme si passionné.
Le Comte avoit étouffé aussi-tôt sa
haine, & faisant entrer ses complices
dans les mêmes sentimens, il avoit
accepté l'Ambassade de France sans
autre sûreté que la parole de son Maître. Dès le même jour le Roi avoit
cessé de voir Elizabeth. Le regret
d'avoir manqué le Trône la fit retourner à Northampton, & le Comte
qui avoit assez penetré ses vûës pour
craindre qu'une ardeur empressée à
la revoir n'eût l'air d'un triomphe qui
pouvoit irriter son chagrin, feignit
de ne pas remarquer qu'elle se fût
éloignée de Londres. Mais ayant fait
avertir aussi-tôt sa sœur, il se hâ-
toit de faire les preparatifs d'une
Ambassade, dont le succès lui paroissoit moins important pour le Roi
que pour lui-même.

Marguerite avoit écouté ce recit avec une curiofité qui n'avoit
pas diminué fon indignation. Elle
avoit partagé fon attention er t e la
conduite du Comte de Vvarwick &
celle qu'elle devoit tenir avec fa
fœur. Il étoit indigne d'un cœur
tel que le fien de tourner fa vengeance fur une femme : mais elle fe
fouvint qu'elle étoit Reine ; &
n'ayant point oublié les engagemens
de fes deux freres, & ceux du Duc
de Clarence & de l'Archevêque,
qu'elle avoit vûs entre fes mains,
elle prit la refolution de fe faire remettre toutes ces Pieces, dont elle
pouvoit faire un terrible ufage contre fes Ennemis. Elle les demanda à
Mylady Nevill, du ton d'une Reine
qui veut être obeïc. Heureufement
pour fes freres, elle avoit eu la prudence de les laiffer à Vauclerc. Marguerite n'en croyant point fes pro-
teftations, ufa peut-être avec trop
de rigueur du droit qu'elle croyoit
conferver encore fur une Sujette.
Elle appella quelques Gentilshom-
mes qui la fuivoient, & leur ordonnant de lui apporter tout ce qu'ils
trouveroient

trouveroient fur une femme qu'elle nomma fon Ennemie, elle fe retira pour l'abandonner à leurs recherches indifcretes. Mylady Nevill fut traitée avec trop peu de refpect par des gens qui croyoient fe faire un merite de leur zéle. Ils ne trouverent fur elle qu'une lettre de fon frere, qui ne contenoit rien d'affez important pour lui nuire ; & le chagrin qu'ils eurent d'avoir fervi fi mal le reffentiment de leur Reine, augmenta leur dureté pour la fœur du Comte.

N'ayant aucun efpoir d'obtenir vengeance ou juftice du Roi Louis XI. elle emporta fa douleur à Paris, où elle refolut d'attendre l'arrivée de fon frere. Vauclerc defefpéré de l'outrage qu'elle avoit reçu, lui offrit de la venger avec éclat ; mais dans le deffein qui amenoit le Comte de Vvarwick en France, elle fe flatta, que pour peu que le Roi fentit de penchant à donner fa bellefœur au Roi d'Angleterre, il traiteroit favorablement fon Ambaffadeur, & qu'elle trouveroit l'occafion de fuiciter quelque mortification à la Reine. Les secrets qu'elle lui avoit confiez ne l'exposoient à rien, lorsqu'ils n'étoient accompagnés d'aucunes preuves.

Marguerite avoit aussi l'avantage de ne s'être engagée dans aucune ouverture dont on pût abuser pour rompre ses projets. Mais n'ayant plus que son infortune à faire valoir, elle trouva de la part de Louis toutes les difficultez qu'elle avoit prévues. Dans le besoin qu'il avoit de Troupes & d'argent, il lui refusa jusqu'à la permission qu'il lui avoit accordée dans d'autres tems, de lever elle-même des Volontaires : & lui representant qu'une entreprise exécutée à demi diminueroit la confiance & l'ardeur de ses Partisans, il la pria pour son propre interêt de remettre ses desseins à des conjonctures plus favorables. Elle n'avoit rien épargné neanmoins pour lui faire envisager de l'utilité à la servir, & ce fut dans le chagrin de voir tourner si mal des vûes qu'elle avoit formées avec tant de réflexions & de soins qu'elle eut recours à des artifices moins dignes d'elle, mais qui lui réussirent plus heureusement.

Sans esperer que le Comte de
Vvarwick pût rompre légerement
les nouveaux engagemens qu'il avoit
pris avec Edouard , elle se persuada
qu'il n'étoit pas impossible de faire
renaître la principale cause de leur
division ; & malgré toute la haine
qu'elle portoit au Comte , elle fut
forcée de reconnoître que ce n'étoit
que par lui qu'elle pouvoit relever
sa fortune , comme il étoit évident
qu'il avoit servi seul à l'abattre. Le
nouvel outrage qu'elle avoit fait à sa
sa sœur, joint à tant de coups san-
glans qu'elle lui avoit portez sans
relâche, ne lui permettant plus de
le tenter par les voyes ordinaires ;
elle crut pouvoir le mettre encore
dans la necessité de revenir à elle ;
en ruinant pour jamais la confiance
qui paroissoit renaître entre Edouard
& lui. Avant que d'en chercher
d'autres moyens , la passion de ce
Prince pour Elizabeth Vvoodwille
lui en parut un qui pouvoit être employé. Si dans le tems qu'il faisoit
passer le Comte en France on pouvoit le rengager plus que jamais à
voir sa Maîtresse, & bâtir là-dessus

quelque avanture vraisemblable qui
pût inspirer au Comte le moindre
soupçon d'avoir été trompé, elle
ne douta point que le reffentiment
ne fît rompre toutes mefures à un
homme fi fier, & que le defir de la
vengeance ne devint bien-tôt fa paffion la plus violente. Mais quelle
apparence, de faire jouer les reffotts
qui étoient néceffaires à Londres ?
La fortune, non vague, auquel on
eft toujours forcé de recourir quand
on ignore le nœud fecret des évenemens, favorifa la Reine au-delà de
fes efperances.

Elle avoit auprès d'elle une femme extrêmement adroite, qui fe nom-
moit Madame Trott, liée d'affez prés
par le fang à Elizabeth Lucy, qui
avoit été long-tems Maitreffe d'E-
douard, & que le chagrin d'avoir été
abandonnée par ce Prince, faifoit vivre depuis quelque tems dans la retraite. Elizabeth Lucy étoit de Northampton, c'eft-à-dire, du même lieu
où Elizabeh Vvoodwille avoit fa famille & fon bien. La Reine prit
affez de confiance à une femme
qu'elle avoit comblée de biens

faits, pour lui propofer de-faire le
voyage d'Angleterre, & de s'y rendre propre à la fervir, Dans le tems
qu'elle l'inftruifoit de fes intentions,
Edmond de Sommerfet, qui portoit
le titre de Duc depuis la mort de fon
frere, arrivoit à Paris pour la rejoindre ; avec le zéle qui étoit hereditaire
à fon fang. Tant d'outrages qu'il avoit
effuyez de la fortune & ceux qui lui
reftoient à craindre, ne l'empêcherent
point de s'offrir auffi pour une entreprife dont il goûta le plan. Il y vit
des facilitez que la Reine ignoroit. Le
Chevalier Gray, dont Elifabeth
Vvoodwille étoit veuve, avoit été
fon intime ami ; & lorfqu'il étoit
queftion d'employer l'artifice, il pouvoit feindre de retourner en Angleterre pour menager fa grace, demander
un azyle à Elifabeth, & lui faire même entendre que c'étoit l'opinion
qu'il avoit de fa faveur qui le faifoit
recourir à elle. Il fe flattoit de pe-
netrer bien-tôt dans quels termes elle étoit avec le Roi, & de l'aider par
fes confeils à tirer tout le fruit qu'elle pourroit de l'afcendant qu'elle
avoit fur lui.

O iij

Tandis qu'il prenoit la route de Londres avec la Dame Trott, Marguerite, qui n'étoit pas capable de perdre un moment de vûe son objet, rendit une visite au Roi de Sicile son pere, qui s'étoit retiré à Aix en Provence, & reçut de lui une somme médiocre, le seul secours qu'il étoit en état de lui offrir. De-là elle prit la route de Normandie, par le conseil du Senéchal, qui lui avoit promis de rassembler non-seulement les cinq cens hommes qui l'avoient suivie l'année précedente en Ecosse, mais, avec eux, un grand nombre d'Anglois qui étoient passez dans cette Province à la suite des Lancastres & qui y avoient été attachez au Duc de Betfort. Louis, à qui elle demanda particulierement cette permission, ne put lui refuser à titre de faveur, ce qu'il semble qu'elle auroit eu raison d'exiger comme un droit. Les Anglois qui se trouvoient établis en France, n'y étant venus que pour y vivre sous la domination de leurs Rois, pouvoient sans doute retourner dans leur Patrie lorsque les Provinces où

ils s'étoient fixez avoient changé de
Maîtres. Cependant, Morvilliers, representa au Roi que cette liberté ne
devoit pas s'accorder sans distinction. Un grand nombre de ces
Etrangers penserent bien tôt à profiter d'une occasion qui les aloit
dispenser, ou de satisfaire aux det-
tes qu'ils avoient contractées dans
le lieu de leur demeure, ou de remplir d'autres engagemens dont on
n'iroit pas leur demander compte
en Angleterre. Ainsi, la permission
que la Reine avoit obtenue fut res-
trainte à ceux qui ne seroient liez par
aucun devoir civil. Mais cette res-
triction diminua l'ardeur qu'on avoit
marquée d'abord à se ranger sous ses
Enseignes.

Le chagrin qu'elle en ressentit,
la fit retourner à Paris, en laissant au Senéchal le soin d'exécuter
ce qu'il lui avoit representé comme
une ressource, après tant de refus
ou de foibles offres qui ne lui laissoient plus d'autre esperance. Cependant, ce n'étoit point sans de
nouvelles vûes qu'elle se déterminoit tout d'un coup à se rendre dans

la Capitale. Elle avoit reçu avis d'u-
ne personne qu'elle y avoit laissée,
que le Duc d'Excester charmé d'être
enfin retombé sur ses traces, l'attendoit avec une impatience extraordinaire, & n'osoit l'aller joindre en
Normandie, parce qu'il étoit d'une
importance extrême que les raisons
qui l'amenoient en France ne fussent pas penetrées. Ce Seigneur,
après avoir été exercé par toutes
sortes de disgraces, étoit passé en
Hollande; sans qu'on sçache dans
quel dessein, ni si ce fut après ou
avant le retour de la Reine; mais il
s'y étoit trouvé lorsque le Comte
de Charolois, mécontent de la facilité de son Pere, qui avoit cedé
au Roi Loüis par le Traité d'Arras
toutes les Villes situées sur la Somme, s'étoit retiré brusquement dans
cette Province. Etant connu de ce
Prince, il n'en avoit pas été vû d'aussi bon œil dans un lieu où les Ministres de la Reine Marguerite lui pa-
roissoient suspects, qu'à la Cour du
Duc son pere. Le Comte qui devoit
épouser incessamment la sœur d'E-
doüard lui avoit fait dire de se reti-

rer. Dans quelques vûes qu'il y fut
allé , cet ordre lui caufa affez de
chagrin pour lui laiffer un reffentiment qu'il trouva bien-tôt l'occafion
de fatisfaire. En cotoyant la Flandres
fur un Navire Marchand dans lequel
il s'étoit embarqué à la Brille , il fut
arrêté par un Vaiffeau de Guerre
François, qui faifoit voile vers la
Hollande. Le Capitaine, qui étoit
le Bâtard de Rubempré , n'avoit
point d'autre vûe que de prendre
des informations fur fa route ; mais
ayant reconnu le Duc d'Exceſter ,
qu'il fe fouvint d'avoir vû à la Cour ,
de France , il apprit de lui les fujets de plainte qu'il emportoit contre
le Comte de Charolois , & ce
fut affez pour le porter à s'ouvrir
fur la commiffion qui le menoit
en Hollande. Louis XI. indigné
contre le Comte qui lui avoit manqué plufieurs fois de refpect, n'a-
voit pas plûtot appris qu'il avoit
abandonné la Cour de fon pere
avec une fuite peu nombreufe , qu'il
s'étoit propofé de le faire enlever.
Divers Hiftoriens ont prétendu que
dans le même tems , il pofoit d'un

autre côté à se saisir aussi du Duc de
Bourgogne; mais il est certain que
regardant l'enlevement du Comte
de Charolois comme une entreprise
aisée, il en avoit chargé Rubempré
par un ordre signé de sa main. Il lui
avoit fait équiper à Dieppe un Vaisseau chargé de Soldats choisis, qui
sans sçavoir·à quoi ils étoient destinez
avoient ordre de rendre une obéïssance
aveugle à leur Chef.

Rubempré ne prodiguoit pas mal
à propos sa confiance, en s'associant un aussi brave homme que le
Duc d'Excester, mais il ne s'attendoit point à la proposition que le
Duc lui fit à son tour. Comme il
rapportoit tout aux interêts de sa
Reine, il trouva dans un Vaisseau
si bien équipé, & conduit par un
Chef d'une valeur connue, l'occasion qu'il cherchoit pour tenter une
nouvelle descente en Angleterre.
Telle étoit la persuasion de la Reine
& de tous ceux qui étoient attachez à sa fortune. Ils ne demandoient
jamais qu'un petit nombre d'hommes pour s'ouvrir une entrée dans
leur Patrie, assez sûrs, par le pen-

étant naturel aux Anglois, qu'il suf-
fifoit d'y faire entendre le fignal de
la fedition & de la guerre, pour y
compofer tout d'un coup une Armée. Le Duc conjura donc Rubempré d'entrer dans un projet qui lui
affuroit avec une gloire immortelle
tous les avantages qu'il lui plairoit
d'exiger de la reconnoiffance de la
Reine , & lui promettant à cette
condition de l'accompagner en Hollande , il le fit confentir à tourner fes voiles vers l'Angleterre auffi-tôt qu'ils auroient remis le Comte
de Charolois dans le premier Port
de France. Quoiqu'il y eut une imprudence extrême dans un engagement de cette nature , que le Bâtard
formoit fans la participation de fon
Maître , il y en eut moins dans la
compofition qu'il fit avec le Duc
pour la certitude de fa récompenfe.
Peut-être étoit il pardonnable à un
Avanturier , qui n'avoit rien à fe
promettre que de fon courage , de
faifir une ouverture qu'il rega-doit
comme une faveur du Ciel , & de fe
laiffer même enyvrer par les idées
de gloire & de fortune dont fon

imagination fe remplit tout d'un
coup. Mais ne fe fiant point à des
promeſſes douteuſes , il apprit au
Duc que la Reine étoit en France,
& il lui propoſa de ſe rendre auprès
d'elle pour lui faire approuver leur
reſolution. Outre le deſſein de s'aſſurer la recompenſe de ſes ſervices ,
il ſçavoit que cette Princeſſe ne reſ-
piroit que l'occaſion de repaſſer la
Mer , & il ne doutoit pas que ſa pré-
ſence & celle de ſon fils ne contri-
buaſſent autant que ſon ſecours à
ranimer leurs Partiſans. Ainſi remer-
ciant le Duc de l'offre qu'il lui faiſoit de l'accompagner en Hollande, il le preſſa au contraire de ſe
rendre à Paris , & de concerter l'execution de leur entrepriſe avec la
Reine. Le rendez-vous qu'il lui donna,
fut le Port même de Dieppe , d'où il
étoit parti ; & comptant ſur le ſuccès
du voyage qu'il alloit achever , il ne
lui demanda que le ſecret & quinze
jours de délai.

Marguerite connoiſſoit l'eſprit &
la valeur du Bâtard de Rubempré.
Mais au milieu de la joye qu'elle reſ-
ſentit de trouver des Défenſeurs ,

sa fierté lui fit craindre qu'un arme-
ment si peu considerable, & sous la
conduite d'un Chef dont le caractere
lui paroissoit mal repondre à la Ma-
jesté Royale , ne rendit son entreprise méprisable aux yeux des Anglois. La premiere de ces objections
étoit levée par l'esperance de faire
embarquer dans le même tems une
partie des Troupes que le Senechal
continuoit de lever en Normandie ;
mais c'étoit divulguer les promesses
de Rubempré , & l'exposer à se voir
arrêter par l'ordre du Roi. Cependant , comment rejetter des offres ,
qui étoient les plus favorables qu'elle
eut reçues depuis long-tems , & les
seules dont l'effet fut assez prompt
pour satisfaire une partie de son impatience ? Et si le Duc de Sommerset parvenoit heureusement à rallu-
mer la haine entre Edouard & le
Comte de Vvarwick , pouvoit - elle
s'assurer trop tôt les premiers secours
qui redeviendroient necessaires au
Comte pour l'execution de son dernier projet ? Elle se rendit enfin à la
proposition du Duc d'Excester, mais
en se reservant le pouvoir de regler

la forme de cette nouvelle Expedition
sur les circonstances.

Cependant, le Comte de Vvarwick
arriva à Paris , avec une suite si nombreuse & si brillante , qu'on n'avoit
jamais vu d'exemple de cette magnificence dans un Ambassadeur
Anglois. Il fit une Entrée somp-
tueuse , dont Mylady Nevill parta-
gea la gloire. Elle affecta de se faire
voir avec son frere dans un éclat
extraordinaire , comme si son dessein eût été d'humilier la Reine par
la comparaison de tant de splendeur
avec la situation de cette Princesse ,
qui se retranchoit au contraire tout
ce qu'elle pouvoit derober à la bien-
seance de son rang , pour l'employer
à de meilleurs usages. Marguerite
parut insensible à cette foible vengeance, & tandis que le Comte alloit presser sa negociation à la Cour ,
elle recevoit des nouvelles de Sommerset qui lui faisoient prevoir
qu'elle se verroit bien-tôt recherchée
de ceux qui sembloient la regarder
avec mepris. Elle avoit employé
quelques ressorts secrets à la Cour ,
pour faire naître des difficultez con-

tre le fuccès de la demande d'E-
douard; mais fuivant les avis qu'elle
reçut de Londres, elle prit au contraire le parti d'appuyer indirecte-
ment l'Ambaſſade du Comte, & d'é-
carter tous les obſtacles qui pouvoient la faire traîner en longueur.
On lui marquoit que le Roi retombé dans toute ſa foibleſſe, ne quit-
toit plus un moment Eliſabeth Vvoodwille, & qu'on ne defefperoit point
que dans le tranſport d'une paſſion
qui l'aveugloit, on ne pût lui faire
prendre la reſolution de l'épouſer.
C'étoit plus que la Reine n'oſoit
demander à la fortune. Elle jouiſ-
ſoit deja de tous les emportemens
du Comte de Vvarwick, qui n'ap-
prendroit point qu'Edouard re-
voyoit ſa Maîtreſſe, ſans le dévouer
à toute ſa haine. Que feroit - ce
d'apprendre qu'il l'auroit épouſée?
Et s'il pouvoit reuſſir dans cet intervalle à obtenir la ſœur de Louis pour
ce Prince, à quel excès de fureur
ne ſe laiſſeroit-il pas emporter, en
ſe trouvant chargé d'une Ambaſſade
ridicule, qui n'aboutiroit qu'à le
rendre la fable de toute l'Europe.

Cette esperance causa tant de joye à la Reine, que dans la vûë de hâter le succès du Comte, elle engagea le Senechal de Normandie à se rendre à la Cour, & à se prevaloir de la connoissance qu'il avoit de ses affaires, pour faire passer Louis sur un reste de bienséance. qui paroissoit l'arrêter. Il n'avoit point encore cessé de la reconnoître pour Reine d'Angleterre, & le Prince son fils étoit traité en France. comme l'heritier de cette Couronne. Outre que les droits d'Edouard ne lui sembloient point encore bien affermis, il respectoit dans Marguerite, avec tant de qualitez qui la rendoient digne de son rang, une de ses plus proches parentes, & la fille d'un malheureux Roi que rien n'avoit été capable de détacher des interêts de la France. Mais le Senechal lui representa que depuis les Batailles de Tawnton & d'Exham; il y avoit si peu d'esperance que la fortune de Henri pût se relever, qu'il n'étoit plus tems de rien accorder à de si vaines considerations. Il lui parla des projets de la Reine comme

comme d'un dernier effort qu'elle
croyoit devoir à son honneur & à la
miserable situation de son mari, mais
dont elle reconnoissoit elle-même
l'impuissance. Il prit même occasion du malheur qui venoit d'arriver
au Bâtard de Rubempré pour lui
faire comprendre à quel excès d'a-
baissement la Reine étoit reduite,
puisque le plus solide fondement
de ses entreprises avoit été le secours qu'elle esperoit de cet Avanturier. On avoit appris nouvellement qu'au lieu d'enlever le Comte
de Charolos, Rubempré s'étoit
laissé prendre par ce Prince ; & que
sur la connoissance qu'on avoit euë de
son dessein par l'ordre qu'on avoit
trouvé sur lui, on instruisoit son
Procès avec la derniere rigueur.
Ainsi, la Reine qui n'avoit plus de
secours à attendre de lui, en tiroit
une autre utilité, en le faisant servir
à persuader au Roi, qu'une cause
étoit bien desesperée lorsqu'elle étoit
reduite à de tels Défenseurs.

Ces raisons l'emporterent effectivement sur toutes les difficultez qui
avoient retardé la negociation du

*II. Partie.*                    P

Comte. Loüis promit fa belle fœur.
Une nouvelle fi importante s'étant
auffi-tôt repanduë, Marguerite feignit d'en être mortellement troublée, tandis que le Comte de Vvarwick, heureux & triomphant, prit
foin de depêcher auffi - tôt à Londres, pour communiquer le fuccès
de fon Ambaffade à fon Maître. Mais
dans le tems qu'il en attendoit des
remercimens & des félicitations, il
apprit qu'Edoüard venoit d'époufer Elifabeth Vvoodwille. Quoique
ce mariage eût été celebré en fecret & qu'il en reftât quelqu'incertitude au Public, la Reine qui n'en
ignoroit aucune circonftance, ne
manqua point de le faire communiquer au Comte, avant même qu'il
en eût été informé par le zéle de
fes amis. Sommerfet avoit repaffé la
Mer, auffi-tôt qu'il avoit vû le Roi
lié avec toutes les formalitez qui
rendent le nœud indiffoluble ; &
comme c'étoit fon habileté qui
avoit fait tomber ce Prince dans le
piege, ce fut lui qui donna auffi à
la Reine le plaifir d'en recuëillir les
premiers fruits, par l'adreffe avec

laquelle il fit porter cette nouvelle au Comte , dans le moment qu'il celebroit deja son bonheur par un grand Festin.

*Fin du second Livre.*